SOUS PRESSE : LA COMTESSE D'ALTENBERG, drame en cinq actes, par ALPHONSE ROYER et GUSTAVE VAEZ.
LUCREZ OU L'HONNEUR D'UNE FILLE, drame en trois actes, par Mme Achille COMTE.

EN VENTE : LES MYSTÈRES DE PASSY, parodie, en onze tableaux, des Mystères de Paris.
LA BOHÉMIENNE, drame-vaudeville en cinq actes, par G. LEMOINE et PAUL DE KOCK.

LA FRANCE
DRAMATIQUE
AU DIX-NEUVIÈME SIÈCLE,
Choix de Pièces Modernes.

Ambigu-Comique.

LES AMANS DE MURCIE,
DRAME EN CINQ ACTES ET SIX TABLEAUX.

C. T.

881-882-883

PARIS.

C. TRESSE, ÉDITEUR,
ACQUÉREUR DES FONDS DE J.-N. BARBA ET V. BEZOU,
SEUL PROPRIÉTAIRE DE LA FRANCE DRAMATIQUE,
PALAIS-ROYAL, GALERIE DE CHARTRES, N° 1 ET 2.
Derrière le Théâtre-Français.

1844.

FRANCE DRAMATIQUE. — PIÈCES EN VENTE.

Titre	Prix	Titre	Prix	Titre	Prix	Titre	Prix	Titre	Prix
Abbé de l'Epée (l'), com, 5 actes.	60	Capitaine (le) Charlotte, com.-v., 2 a.	60	Deux Favorites, v. 2 a.	30	Fénelon, trag. 5 a.	60	Hures-Graves (les), parodie, 3 a.	60
Agamemnon, trag. 5 a.	60	Caporal et la Payse (le), com.-vaud., 1 a.	60	Deux Forçats (les), dr., 3 actes.		Ferme de Bondy (la), vaud., 4 a.	60	Hussard de Felsheim (les), vaud., 5 a.	60
Alix ou les Deux Mères, drame, 5 actes.	60	Carlin à Rome, v., 1 a.	30	Deux Frères (les), c., 4 actes.	60	Festin de Pierre (le), com., 5 a.	60	Idiote (l'), dr., 3 a.	60
Amaut bourru (l'), com. 3 actes, en vers.	60	Carmagnols, opéra, 2 a.	60	Deux Gendres (les), com., 5 a.	60	Fou Péterscott, v., 2 a.	60	Il y a seize ans, dr., 3 a.	60
A minuit, dr., 3 actes.	60	Carte à payer (la), v. 1 a.	30	Deux J... .x (les), opéra, 1 a.		Fiancée (la), op.-c., 1 a.	60	Incendiaire (l'), dr., 5 a.	60
Amour (l'), vaud., 2 a.	60	Carte blanche c., 1 a.	30	Deux Maris (les), v. 1 a.	30	Fiancée de Lammermoor (la), op., 3 a.	60	Indépendans (les), c., 5 actes.	60
André Chénier, dr., 3 a.	60	Cartouche, dr., 5 a.	60	Deux Ménages (les), c., 3 actes.	50	Fille de Dominique (la) vaud., 1 a.		Industriels et industrieux, revue, 3 a.	60
Angéline ou la Champenoise, vaud., 1 a.	30	Catherine ou la Croix d'or, vaud., 2 a.	60	Deux Normands, v. 1 a.	30	Fille d'honneur (la), c., 5 actes.	60	Infortunes de M. Jovial (les), vaud., 3 a.	60
Anglaises pour rire (les) vaudeville, 1 acte.		Célibataire (le) et l'Homme marié, com., 3 a.	60	Deux Philibert (les), com., 5 a.	60	Fille du Cid (la), trag., 5 actes.	60	Ingénue de Paris (l'), com., 2 a.	60
Anneau de la marquise (l'), v., 2 acte.	30	Céline la Créole, dr., 5 a.	60	Deux Sergens (les), dr., 3 actes.	60	Fille du musicien (la), drame, 3 a.	60	Intérieur des comités révolutionnaires, drame, 5 a.	60
Argentine, vaud., 2 a.	60	César ou le Chien du Château, vaud., 2 a.	60	C'est encore du bonheur, vaud., 3 a.	60	Fille d'un voleur (la), vaud., 1 a.	60		
Assemblée de famille (l'), c., 5 a., en vers.	60	C'est Monsieur qui paie, vaud., 1 a.		Deux Sœurs, dr., 3 a.	60	Fille du tapissier (la), com., 5 a.	60	Isabelle de Montréal, drame, 2 a.	60
Auberge des Adrets (l'), drame, 3 actes.	60	C'était moi, dr., 2 a.	60	Deux Systèmes (les), vaud., 3 a.	60	Filles de l'enfer (les), drame, 4 a.	60	Jacquot, vaud., 2 a.	60
Avant, Pendant et Après, v., 3 actes.	60	Chacun de son côté, com., 3 a.	60	Deux vieux Garçons (les), vaud., 1 a.	30	Fils de Cromwel (le) com., 5 a.	60	Jarretière de ma femme (la), vaud., 1 a.	30
Avocat de sa cause (l'), com., 1 acte, en vers.	30	Chaîne électrique (la), com., 2 a.	60	Deux Voleurs, op.-c., 1 acte.				Jaspin ou le Père de l'enfant, vaud. 1 a.	30
Avoué et le Normand (l'), vaud., 1 acte.		Châlet (le), op. c., 1 a.	30	Diable à l'école, op.-c., 1 acte.	50	Floridor le choriste, com., 2 a.	60	Jean, vaud., 5 a.	60
Bambochour (le), v., 1 acte.	30	Changement d'uniforme (le), vaud., 1 a.	30	Diamant (le), v., 2 a.	60	Foire St-Laurent (la), vaud., 1 a.	30	Jean Lenoir, v. 2 a.	60
Barbier de Séville (le), comédie, 4 actes.		Chanoinesse (la), v., 1 a.	30	Dianons de la couronne, opéra-com., 3 a.	60	Folle de la cité, d., 3 a.	60	Jeanne d'Arc, dr., 5 a.	60
Bayadères de Pithiviers (les) vaud., 2 actes.	60	Chansons de Béranger (les), vaud., 1 a.	60	Diner de Madelon (le), vaud., 1 a.	30	Frascati, vaud., 3 a.	60	Jésuite (le), dr., 3 a.	60
Béatrix, drame, 4 act.	60	Chantre et Choriste, v., 1 acte.		Diplomate (le), v., 2 a.	60	Fra-Diavolo, op., 3 actes.	60	Jeune Femme colère (la), com. 1 a.	30
Beau-Père (le), com. 5 a.		Chevalier (du temple, dr., 5 a.	60	Dix (le), op.-c., 1 a.	60	Françoise et Francesca, vaud., 2 a.	60	Jeune Mari (le), c., 3 a.	60
Bélisaire, vaud., 2 act.	60	Chevilles de maître Adam (les), c., 1 a.	30	Dix ans de la vie d'une femme, dr., 5 a.	60	Frédégonde et Brunehaut, trag., 5 a.	60	Jeunesse de Richelieu (la), com. 5 a.	60
Délie Bourbonnaise (la), drame 3 actes.	60	Chiffonnier (le), v. 5 a.	60	Docteur Robin (le), v., 1 acte.		Frère et Mari, op.-c.	60	Jeux de l'Amour et du Hasard, com. 3 a.	60
Belle Ecaillère (la), dr., 3 actes.	60	Christine, dr., 5 a.	60	Dominique ou le Possédé, com., 3 a.	60	Frères à l'épreuve (les), drame, 5 a.	60	Journée (la) d'une Jolie Femme, vaud., 2 a.	60
Belle-Mère (la) et le Gendre, com., 3 act.	60	Ci-devant jeune homme (le), v., 1 a.	30	Don Juan d'Autriche, com., 5 a.	60	Gabrina, drame, 5 a.	60	Judith, vaud., 2 actes.	60
Belle-Sœur (la), v., 2 a.	60	Citerne d'Albi (la), dr., 5 actes.	60	Dom Sébastien de Portugal, opéra, 5 a.	1 f.	Gaetan il Mammone, drame, 5 a.	60	Judith, trag., 3 a.	1 fr.
Bénéficiaire (le), v., 5 a.	60	Clermont ou une Femme d'artiste, v., 2 a.	60	Dom Sébastien de Portugal, trag., 5 a.	60	Gardien (le) et le Jésuite (le), dr., 5 a.		Juive (la), grand opéra, 5 actes.	60
Bertrand l'horloger, c. vaudeville, 3 actes.	40	Clotilde, drame, 5 a.	60	Don Pasquale, op., 3 a.	1 f.	Général et le Jésuite (le), dr., 5 a.		Jumeaux Beaunais (les), dr., 4 a.	60
Bertrand et Raton, c., 5 actes.	60	Cocarde tricolore (la), vaud., 2 a.	60	Duc d'Olonne, op., 3 a.	60	Geneviève la Blonde, vaud. 2 a.	60	Ketty, ou le Retour en Suisse, vaud., 1 a.	60
Bobèche et Galimafré, vaudeville, 2 actes.	60	Code de l'Amour (le), vaud., 1 a.	30	Duel (le) et le Déjeuner, v., 1 a.	30	George et Thérèse, v., 3 actes.		Kiosque (le), opéra-comique, 1 a.	50
Bon Ange (le), c., 5 a.	60	Code noir, op.-c., 3 a.	60	Eau merveilleuse (l'), opéra-com., 2 a.	60	Glenarvon ou les Puritains, dr., 5 a.	60	Las des Frées (les), grand opéra, 3 a.	60
Bon moyen (le), c. 1 a.	30	Coffre fort (le), v. 1 a.	30	Eclair (l'), op.-c., 5 a.	60	Grâce de Dieu (la), dr., 5 actes.		Laitière de la Forêt (la), vaud., 2 a.	60
Bonnes d'enfans (les), vaudeville, 1 acte		Coiffeur (le) et le Ferruquier, vaud., 1 a.	30	Ecole des Vieillards (l'), com., 5 a.	60	Grande Dame (la), dr., 2 actes.	60	Laitière de Montfermeil, vaud., 5 a.	60
Boulangère à des écus (la), vaud., 2 actes.	60	Coin de rue (le), v., 4 a.	30	Economies de Cabochard et Sous Clé.	60	Grand-Papa Guérin (le) vaud. 2 a.		Lambert-Simnel, op.-c., com., 3 a.	60
Bourgeois de Gand (le), drame, 5 actes.	90	Colonel (le), v. 3 a.	60	Edouard et Clémentine, vaud., 3 a.	60	Guerre des servantes, drame, 3 a.	60	Landau (le), v., 1 a.	30
Bourgeois grand seigneur (le), com., 5 a.	60	Comité de bienfaisance (le), com., 1 a.	30	Elève de Saumur (l'), vaud., 1 a.	30	Guillaume Colmann, d., 5 actes.		Latréaumont, dr., 5 a.	60
Bourgmestre de Saardam (le), v., 2 actes	30	Commis voyageur (le), vaud., 2 a.	60	Elle est folle, v., 3 a.	60	Guido et Ginevra, op., 5 actes.		Léonide, com., v., 2 a.	60
Bourru bienfaisant (le), com., 3 actes.	60	Conteur (le), com., 3 a.	60	Embarras du choix (l'), vaud., 1 a.	30	Guillaume Tell, grand opéra, 3 a.		Léontine, dr.-v., 3 a.	60
Branche de paravent (la), drame 5 actes.	60	Contrastes (les), c., 1 a.	30	Enfans d'Edouard (les), trag., 5 a.	60	Gustave III ou le Bal, grand-opéra, 5 a.		Lisbeth, ou la Fille du laboureur, dr., 2 a.	60
Brigitte, dr., 3 a.	60	Courte-Paille (la), v. 3 a.	30	Enfant de Giberne (l'), drame, 4 a.	60	Harnali, parodie d'Hernani.		Liste de mes maîtresses, v., 1 a.	30
Broderie de l'Ise (les) vaud., 1 a.	30	Cousin du ministre (le), vaud., 1 a.	30	Enfant trouvé (l'), drame, 3 actes.	60	Henri Hamelin, vaud., 3 actes.	60	Lorgnon (le), v., 1 a.	30
Brueil et Palaprat, c. 1 acte.		Couturières (les), v. 1 a.	30	Espionne russe (l'), v., 5 actes.	60	Henri III et sa cour, dr., 5 actes.	60	Louis XI, vaud., 5 a.	60
Brutus, vaud., 1 a.		Couvent de Toppington (le), drame, 5 a.	60	Est-ce un rêve? v., 2 a.	30	Héritage du mal (l'), drame, 5 a.		Louise, ou la Réparation, vaud., 2 a.	30
Budget d'un jeune ménage (le), vaud., 1 a.	30	Cuisinières (les), v. 1 a.	30	Estelle, vaud., 1 a.	30	Héritière (l'), v., 1 a.	30	Louise de Lignerolles, drame, 5 actes.	60
Bureau de placement (le), vaud., 1 a.		Dagobert ou la Culotte, vaud., 3 a.	30	Eteufels de Laval (le), dr., 3 actes.				Une pour l'autre (l'), com., 1 a.	30
Cabinets (les) particuliers, vaud., 1 a.		Dame blanche (la), opéra-com., 3 a.	60	Eulalie Pontois, drame, 3 a.	60	Héritiers ou le Naufrage (les), c., 1 a.	20	Lucia, drame, 5 a.	60
Cachucha (la), v., 1 a.	30	Dame de Laval (la), dr., 5 actes.		Eustache, vaud., 1 a.	30	Héroïne de Neutpelier (l'), drame, 5 a.		Lune de Miel (la), v., 2 actes.	60
Cagliostro, op.-c., 3 a.	60	Daniel-le-Tambour, v. 2 actes.		Facteur (le), dr., 5 a.	60	Henri et Malheur, v., 1 acte.		Lune Rousse (la), v., 2 actes.	
Calas, drame, 3 a.	60	Débarqué (le), v. 2 a.	60	Famille de l'apothicaire (la), vaud., 1 a.	30	Hochet d'une coquette (le), vaud., 1 a.	30	Luxe et Indigence, comédie, 5 a.	60
Caleb de Walter Scott (le), vaud., 1 a.		Débutant (le), c., 1 a.	36	Famille Gliant (la), c., 5 actes.		Homme au masque de fer (l'), dr., 5 a.		Machabées (les), drame, 5 actes.	60
Camarade de lit (le), vaud., 3 a.	60	Delphine, com.-v. 2 a.	60	Famille improvisée (la), vaud., 1 a.	30	Homme de soixante ans (l'), vaud., 3 a.	30	Madame Barbe-Bleue, vaud., 2 a.	
Camarades du ministre (les), com., 5 a.	30	Démence de Charles VI, trag., 5 a.	60	Famille Riquebourg (la), vaud., 1 a.	60			Madame de Brienne, drame, 2 actes.	
Camaraderie (la), c. 5 a.	60	Demoiselle à marier (la), vaud., 1 a.	30	Fanchon la Vielleuse, vaud., 5 a.		Homme gris (l'), c., 3 a.	60	Madame du Barry, v., 3 actes.	
Camargo (la), v., 4 a.	60	Dernier marquis (le), drame, 5 a.	60	Farruck le Maure, dr., 5 actes.	60	Honorine, vaud. 3 a.	60	Madame de Sévigné, v., 1 acte.	
Camp des croisés (le), drame, 5 a.	60	Deite à la Bambocho com.-vaud., 2 a.	60	Faublas, vaud., 3 a.	60	Hôtel garni (l'), c., 1 a.	30	Madame Duchatelet, v., 1 acte.	
Camille (la), v., 3 a.	60	Deux Anglais (les), c., 3 actes.	60	Fausse Clé (la), dr., 5 a.	60	Huguenots (les), grand opéra, 5 a.		Madame Gibou et madame Pochet, v., 2 a.	50
Candinot, roi de Rouen, vaud., 2 a.		Deux Dames ou violon, vaud., 1 a.	60	Femme jalouse (la), c., 5 actes.	60	Humoriste (l'), v., 1 a.	60	Madame Grégoire, v., 2 actes.	
Caravage, dr., 3 a.	60	Deux Edmond (les), vaud., 2 a.	30						

LES
AMANS DE MURCIE

CHRONIQUE DU XIVe SIÈCLE,

DRAME EN CINQ ACTES ET SIX TABLEAUX,

Par M. FRÉDÉRIC SOULIÉ,

Représenté pour la première fois, à Paris, sur le théâtre de l'Ambigu-Comique, le 9 mars 1844.

DISTRIBUTION DE LA PIÈCE.

Don HENRIQUE PACHECO, comte de TAVORA, grand-maître de Calatrava..	MM. SAINT-ERNEST.
DON FAUSTUS PACHECO, comte de DUEGAS, son fils.......	VERNER.
DON LUIZ PACHECO, comte de VALVERDE, son neveu......	LACRESSONNIÈRE.
DON CHRISTOVAL PACHECO, comte de LORCA, vieux seigneur...	CULLIER.
DON FERNAND, marquis de VILLAFLOR, jeune seigneur.....	MÉLINGUE.
DON SILVIO TELLEZ, marquis de GUESCAR, jeune seigneur.	ALBERT.
BÉNÉDICT, écuyer de Silvio Tellez........................	ADALBERT.
DON LOPEZ, parent de Pacheco...........................	ALEXANDRE.
DONA STELLA, fille de don Christoval Pacheco..............	Mmes GUYON.
FRANCESCA, nourrice de Stella............................	LEMAIRE.
LÉLIO, page du marquis de Villaflor......................	HORTENSE JOUVE.

SEIGNEURS, PAGES, DAMES D'HONNEUR, SOLDATS DES TROIS PARTIS, MAURES, ESCLAVES, ETC.

ACTE PREMIER.

Le théâtre représente une rue bâtie d'un côté ; l'autre est planté d'arbres. — Les maisons à gauche du spectateur, les arbres à droite. — Sur le premier plan, à gauche, est la maison de Pacheco. — Au premier étage de cette maison se trouve un balcon praticable. — En retour, et faisant face au spectateur, une petite porte qui mène dans l'intérieur du palais. — La grande porte du palais est au dessous du balcon, et fait face aux arbres. — Sous les arbres, à droite, une table avec des coupes.

SCÈNE I.

DON HENRIQUE PACHECO, DON CHRISTOVAL, DON LUIZ, DON FAUSTUS, AUTRES SEIGNEURS, assis autour de la table et buvant, puis BÉNÉDICT, puis DON FERNAND.

FAUSTUS, se levant.

Allons, frères, la dernière coupe et le dernier couplet de notre fière chanson...

PACHECO.

Assez, enfans... assez... Celui qui chante si haut sa victoire, laisse voir qu'il s'est cru bien près de la défaite...

FAUSTUS.

Mon père, les Tellez, vaincus par nous, sont en exil...

LUIZ.

Et l'ordre du roi Henri de Transtamare, qui condamne à mort celui d'entre eux qui oserait remettre les pieds dans notre ville, est une loi de merci plutôt que de rigueur.

FAUSTUS.

Tu as raison, Luiz, car nous portons à notre côté un arrêt de mort bien plus certain que celui du roi, contre le Tellez assez fou pour oser se montrer dans notre ville... Car c'est notre ville, maintenant,... et les Pacheco sont les maîtres de Murcie.

CHRISTOVAL.

Il n'y a d'autre maître à Murcie que le roi, enfans... et si, pour arrêter les combats qui ensanglantaient chaque jour la ville, il a exilé les Tellez, ce n'est point parce qu'ils ont combattu contre lui pour Pierre-le-Cruel, car Henri estime la fidélité; mais c'est parce qu'ils avaient les premiers rompu la trève entre eux et nous... c'est que c'était justice... Et tu sais, Pacheco, que nulle puissance, nulle menace ne le ferait dévier de ce qu'il a résolu.

PACHECO.

Je le sais... Mais tu sais aussi que lorsqu'il s'agit de défendre mon droit ou de venger une injure... je ne m'en suis rapporté qu'à moi et aux miens...

LUIZ.

Et aucun de nous ne vous a manqué en aucune occasion, n'est-il pas vrai, mon oncle... Ni vos neveux, ni vos cousins, ni aucun de ceux en qui coule un peu de votre noble sang...

FAUSTUS.

Tu m'as oublié, don Luiz...

LUIZ.

Non, Faustus, non... Mais chacun ne sait-il pas que tu es l'âme des desseins de ton père; l'œil qui les surveille, le bras qui les exécute?... et j'aurais eu honte de dire que tu as fait ton devoir.

FAUSTUS.

Merci, frère... C'est un nom que mon père me permettra de te donner.

PACHECO.

Merci, Faustus, et toi don Luiz, le noble fils de ma sœur bien-aimée... Merci, enfans; vous avez été braves... C'est pour cela, jeunes gens, qu'il ne faut pas étaler ainsi la joie bruyante de votre triomphe... Le temps n'est pas éloigné où aucun de nous n'eût osé passer dans cette rue sans avoir l'épée et le poignard à la ceinture, et la cuirasse sur la poitrine ; il n'y a pas un mois que nous ne nous serions pas ainsi paisiblement assis devant la porte de ma maison pour y vider joyeusement une coupe de bon vin... Il ne faut donc pas que nos voisins, que nos chants importunent peut-être, puissent nous railler de nos cris de victoire; car, sachez-le bien, mes enfans... si le dédain suit les vaincus, la calomnie marche à côté des vainqueurs !...

FAUSTUS.

Vous avez raison, père; mais encore cette coupe avant de partir pour la réunion où nous sommes appelés.

PACHECO.

Soit, enfans !... C'est un vieillard malheureux celui qui ne sait pas accorder quelque chose aux ardens désirs de la jeunesse !...

FAUSTUS.

Malheur à ceux... qui viendraient encore nous braver !

(On entend à ce moment les accords d'un sistre, et on voit s'avancer un ménestrel.)

LUIZ.

Qu'est cela?... Une sérénade en plein jour !...

CHRISTOVAL.

Non... c'est un de ces jongleurs que la Provence envoie à l'Espagne ; enfans de la gaie science, qui vont promenant par les villes leurs misères, leurs chansons amoureuses et leurs récits sans fin...

FAUSTUS.

Le drôle ne nous demande pas si nous voulons bien l'écouter...

PACHECO.

S'il vous y force par son talent, il aura eu raison de se passer de votre permission.

FAUSTUS.

Et s'il réussit, je le paierai généreusement de sa victoire...

BÉNÉDICT s'avance sous le balcon et chante.

PREMIER COUPLET.

Il était dans Véronne,
Dont le lierre couronne
Les vieux portiques blancs...
Deux familles rivales
Que des haines fatales
Divisaient dès long-temps.
Que le soleil se lève,
Ou que le jour s'achève,
Et même dans la nuit,
Ce sont toujours batailles,
Qui troublent ses murailles
D'épouvante et de bruit.

O jeunes têtes folles !
Qui, pour quelques paroles,
Mettez le fer en main,
Que la haine sommeille...
Le vainqueur de la veille
Peut succomber demain.

FAUSTUS, se levant en frappant sur la table avec colère.

Que veut dire cet insolent, avec ces deux familles rivales... et son refrain?...

LUIZ, se levant de même.

Vient-il ici pour nous braver?...

FAUSTUS.

Ne connais-tu pas cette figure, don Luiz?...

LUIZ.

Je ne jurerais pas ne pas l'avoir vue parmi cette suite de valets provençaux que l'insolent Silvio Tellez a ramenés de ses voyages...

FAUSTUS.

Si j'en étais sûr !...

PACHECO.

Allons, Faustus, ne vas-tu pas t'en prendre à ce malheureux de ce qu'il chante une histoire qui est celle de bien des familles en Espagne, et parce que sa chanson a un refrain qui semble s'adresser à nous... Il a raison, Faustus... Tu es un bon et noble fils... mais tes deux frères morts étaient bons et braves aussi... Il a raison...

Le vainqueur de la veille
Peut succomber demain.

(Il essuie une larme.)

BÉNÉDICT, à part, toujours sous le balcon.
Stella ne m'a-t-elle pas entendu?

PACHECO, se levant et allant au chanteur.
N'est-ce pas que tu disais que : « Le vainqueur de la veille peut succomber demain? » Continue, jeune homme, continue...

BÉNÉDICT.
Comme il vous plaira, seigneur... (A part, pendant qu'il touche son luth.) S'il savait à qui s'adresse cette chanson, et de quelle part elle vient, il m'enfoncerait son poignard dans le cœur, plutôt que de m'engager à chanter...

(Pendant ce temps, don Fernand descend lentement la scène.)

DEUXIÈME COUPLET.

Dans la plus vieille race,
Le cœur rempli d'audace
Et de désirs bouillans,
Etait un beau jeune homme,
Que partout on renomme
Parmi les plus vaillans ;
Et, dans l'autre famille,
Est une jeune fille
Au front pur, aux doux yeux,
Brillant sous ses longs voiles,
Comme les deux étoiles,
Jumelles dans les cieux.

O jeunes têtes folles,
Qui, pour quelques paroles,
Mettez le fer en main....

FAUSTUS, l'interrompant.
Vous l'entendez, mon père; ce jeune homme si brave, qui est l'orgueil des siens, et dans l'autre famille, cette jeune fille... si belle... oh! vous le voyez, c'est une invention pour nous insulter... Et ce misérable...

BÉNÉDICT, à part, et regardant le balcon.
Elle ne paraît pas.

FERNAND, entrant.
Vous vous trompez, Faustus, c'est une histoire véritable, et qui vient de se passer en Italie.

TOUS, avec dédain.
Le marquis de Villaflor!

FERNAND.
Lui-même, messeigneurs, qui serait bien fâché de vous voir maltraiter ce pauvre diable, parce qu'il vous raconte la touchante histoire du brave Roméo et de la belle Juliette... Il est étonnant que vous ne la sachiez pas, Faustus...

FAUSTUS.
Marquis de Villaflor, j'ai passé ma jeunesse à apprendre à manier la lance et l'épée, et mes mains sont devenues trop dures et trop calleuses à ce métier, pour que j'aie jamais essayé de les promener sur les cordes d'un luth où d'une harpe ; ne vous étonnez donc pas si j'ignore toutes ces histoires de baladins... que vous savez si bien...

FERNAND.
Moi, j'ai la main blanche, et j'en suis fier... Il est vrai que j'aime à la promener sur les cordes d'une harpe, et cela m'a valu plus d'un doux sourire ; mais mon épée est aussi lourde que la vôtre, Faustus... et ma main la porte encore plus facilement qu'une harpe...

FAUSTUS.
Marquis de Villaflor!...

PACHECO.
Silence, mon fils... vous avez tort...

FERNAND.
Merci, seigneur... Faustus est un brave garçon, je le sais... et je ne suis pas rentré dans ma patrie pour y exciter de nouvelles querelles entre ses enfans... J'y suis revenu parce que j'ai entendu dire à Carthagène que les Maures ont envie de nous venir demander compte de leurs récentes défaites, et que voilà des ennemis avec lesquels j'ai surtout envie de mesurer mon épée...

PACHECO.
Ah! tu es brave, Villaflor, tout le monde le sait à Murcie... Au combat de Ségorbe, tu es entré, toi second, dans la tour du château, avec ton écuyer, et tu as exterminé les trente hommes qui la gardaient...

FERNAND.
Mon écuyer était devant, Pacheco... C'était là un brave.

PACHECO.
C'est vrai! mais lorsqu'une troupe ennemie vint reprendre la tour, tu étais seul sur le seuil de la porte, et tu as combattu une heure sans leur céder un pas...

FERNAND.
C'est que mon page était blessé, et qu'ils l'auraient achevé, si je les avais laissés passer, et j'avais promis à sa mère de lui ramener son enfant.

PACHECO.
Et puis encore....

FERNAND.
Pacheco... je suis un enfant de Murcie... j'ai fait ce qu'eût fait à ma place chacun de ces jeunes gens...

PACHECO.
Tu as fait mieux, marquis de Villaflor; et quand je te considère, toi, le fils de mon vieil ami, quand je te vois si jeune et si illustre, si beau et si brave... je me demande pourquoi Dieu n'a pas mis dans ton âme la vertu, sans laquelle toute gloire est sur le front de l'homme comme une couronne sèche et flétrie...

FERNAND.

Vous savez, Pacheco, qu'il ne tient qu'à vous de m'y ramener... et que...

PACHECO.

Et je t'ai déjà répondu à ce sujet, marquis, que jamais ma fille ne serait la femme d'un homme dont la fortune a été dissipée en folles orgies, qui a insolemment promené dans toutes les Espagnes les femmes et les filles des plus nobles seigneurs séduites et trompées par de faux sermens..... que jamais...

FERNAND, avec impatience, et se tournant vers Bénédict.

Continue ta chanson, jongleur... rends la leçon à ceux qui la donnent si bien... raconte-leur à quel degré de douleur et de misère Dieu fit descendre les Montaigus et les Capulets, aveuglés par une haine féroce... Dis-leur comment l'un perdit sa dernière fille et l'autre son dernier fils... et peut-être comprendront-ils que le vice n'est pas tout dans la jeunesse qui s'enivre, qui chante et qui jette à la beauté son amour, son or et ses chansons... qu'il est aussi dans ces inimitiés implacables qui sacrifient à leur vengeance... enfans, famille, patrie... Chante... chante...

PACHECO, à Bénédict, et en lui jetant une pièce de monnaie.

Assez... jongleur... voilà le prix de ta chanson... Mais n'oublie pas qu'il y a dans cette ville des oreilles qu'elle pourrait blesser cruellement.

FERNAND.

Parce qu'elle est vraie, n'est-ce pas, Pacheco? et qu'elle résonne en toi comme un remords... parce qu'elle t'épouvante...

LUIZ.

Tu te trompes, marquis de Villaflor, mon oncle ne craint pas que sa fille, pareille à Juliette, aime le fils de son ennemi...

FERNAND, à part.

Je l'espère bien...

BÉNÉDICT, à part.

Le malheureux, s'il savait ce qu'il dit...

LUIZ.

Il se fie à la vertu de sa fille...

FAUSTUS.

Et il sait qu'il y a près de lui une main qui laverait dans le sang des coupables une pareille injure, un crime si lâche.

PACHECO.

Laissons ce sujet, je vous prie... Jeune homme, ne condamne pas si vite et ne parle pas si légèrement de punir... C'est le jour qu'on est père qu'on apprend à être indulgent...

(On entend au fond le son d'une cloche.)

CHRISTOVAL.

Voici l'heure de l'assemblée.... Venez... venez...

(Tous les seigneurs se dirigent vers le fond.)

FERNAND, saluant Pacheco.

Adieu, seigneur Pacheco, la bénédiction du ciel soit avec vous pour votre dernière parole... Mais l'indulgence est une vertu qui doit se répandre sur tous...

PACHECO.

Et tu en as ta part, marquis de Villaflor, car je te souhaite du fond de l'âme d'être aussi bon que tu es brave...

(Tous sortent, excepté Fernand et Bénédict.)

FERNAND, les regardant s'éloigner.

Le vieillard y viendra... (A ce moment, une bourse tombe du balcon à ses pieds, il se retourne.) Qu'est cela?... une bourse!...

ooooooooooooooooooooooooooooooooooooooo

SCÈNE II.

Don FERNAND, BÉNÉDICT.

BÉNÉDICT, à part.

Stella m'a reconnu...

FERNAND.

Oui, vraiment, une bourse...

(Il se baisse et la ramasse.)

BÉNÉDICT, toujours à part.

Cela veut dire qu'elle va venir me parler.

FERNAND, à part.

Une bourse qu'ont touchée ces belles mains que j'adore... une bourse marquée de son chiffre...

BÉNÉDICT, haut à Fernand.

C'est le salaire que quelque belle dame envoie au pauvre chanteur... et vous ne voudriez pas...

FERNAND, tirant une bourse de sa poche et gardant l'autre.

Tiens, drôle... Jamais chanson ne t'aura été si richement payée...

BÉNÉDICT, ouvrant la bourse.

Une bourse pleine d'or... (A part.) Que m'a dit le seigneur don Silvio?... « Si elle te jette une bourse, envoie-la-moi à l'instant même. » En voici une, mais je ne me rappelle pas qu'il ait parlé de l'or...

(Il met l'or dans ses poches.)

FERNAND, à part, et regardant la bourse qu'il a ramassée.

En vérité...je deviens un enfant... Cette bourse qui sort de ses mains, me brûle et me fait frissonner à la fois... Oh! c'est que je l'aime, c'est que sa pensée me donne des remords...

BÉNÉDICT, allant au fond du théâtre.

St... st... (Un page paraît, et Bénédict lui donne la bourse.) Au seigneur Silvio Tellez... à la porte de Tolède.

FERNAND.

Eh bien, que fais-tu là, drôle?...

ACTE I, SCENE IV.

BÉNÉDICT.

Rien, seigneur... (A part.) Je reviendrai quand ce marquis de Villaflor sera parti... et je vais en avertir Stella.

(Il s'éloigne en chantant le refrain de sa chanson.)

SCÈNE III.

Don FERNAND, seul.

Oui... à la pensée de cette charmante enfant, je sens quelquefois que je voudrais être ce que je ne suis plus... Oui, si moins de folies avaient marqué ma jeunesse... elle aurait pu m'aimer... Si même le temps ne me manquait pas... si je n'étais pressé par cet engagement pris dans une nuit d'ivresse... Ah! l'heure arrive où l'on paie cruellement ses fautes... et si je ne puis obtenir un délai... il ne me reste plus pour réussir que le fatal moyen auquel j'ai honte de penser... Allons... allons me voilà tremblant comme un amoureux de quinze ans... J'arriverai... je l'ai juré... je le veux... Ce sera par un chemin mauvais... mais je jure Dieu que c'est pour regagner la bonne voie... Ah! voici Lélio... Cet enfant est plein d'esprit... Ne me trouvant pas chez moi, il a deviné que je devais être à faire le pied de grue sous les fenêtres de mon insensible. Oh! que la Cornelia rirait, l'impudente courtisane, si elle me voyait ainsi tremblant, pâle, glacé, à l'attente de ses lettres; car, c'est vrai, j'ai peur... j'ai peur... (A Lélio, qui accourt.) Eh bien ! Lélio ?...

SCÈNE IV.

LÉLIO, Don FERNAND.

LÉLIO.

D'ici à Carthagène, seigneur, on compte vingt lieues. Le cheval barbe sur lequel je suis parti est tombé mort à deux lieues de la ville; et cependant, cinq heures après mon départ de Murcie, j'étais chez la senora Cornelia... Elle m'a fait attendre sa réponse deux heures. Le cheval cordouan que j'ai acheté cent ducats valait mieux que celui que vous m'avez donné, car après trois heures d'une course effrénée, il ne s'est abattu qu'à la porte de votre palais... De bon compte, cela fait dix heures, vous m'en aviez donné douze... Ai-je gagné la récompense promise ?...

FERNAND.

Cela me prouve, Lélio, que tu voyages plus vite que tu ne parles... Prends garde de perdre en paroles le temps que tu as gagné sur la route... La réponse de la Cornelia...

LÉLIO, donnant une lettre.

La voilà...

FERNAND.

Voici donc mon arrêt dans cette lettre de la plus vile courtisane des Espagnes. (Il la sent.) Ah! l'insolente! elle l'a parfumée de cette essence d'Orient que j'ai payée mille sequins pour satisfaire un de ses caprices... Imbécile !...

LÉLIO.

Vous étiez si pressé... seigneur...

FERNAND.

Oui, je l'étais... et maintenant... j'ai peur... As-tu vu la Cornelia ?

LÉLIO.

Quand je suis arrivé, on m'a fait entrer dans la salle du banquet... Le festin était splendide; Cornelia le présidait... Elle a pris ma lettre d'une main, tandis que de l'autre elle caressait les blonds cheveux d'un beau jeune homme qui attachait sur elle des regards ivres d'amour.

FERNAND.

L'infâme !... Et que t'a-t-elle dit ?...

LÉLIO.

Elle a parcouru votre lettre d'un air distrait, puis elle l'a jetée près d'elle, et m'a dit, sans même tourner les yeux vers moi : Viens chercher ma réponse dans deux heures... elle sera prête...

FERNAND.

Voilà tout ?

LÉLIO.

Voilà tout.

FERNAND.

Allons... je dois croire que le moment a été bien choisi; il se peut que Cornelia, le cœur tout plein d'un nouvel amour auquel il faudrait renoncer... accepte le nouveau marché que je lui propose... car elle sait bien que si j'étais réduit à tenir la promesse insensée que j'ai faite, ce serait une vie de tortures qu'elle choisirait... Oh! mon Dieu ! qu'a-t-elle décidé ?...

LÉLIO.

Seigneur... si vous torturez long-temps cette lettre, comme vous faites, dans vos doigts crispés, il vous sera difficile de le savoir...

FERNAND.

Cette lettre... tiens... lis-la-moi, Lélio; je n'y verrais pas... Ma tête se perd, ma vue se trouble à la pensée d'un refus... Lis, Lélio... lis vite... (Pendant que Lélio défait le cachet.) Je la connais ; elle est femme à me répondre par un seul mot... Non... ou peut-être... oui... Eh bien! que dit-elle? Est-ce oui ? est-ce non ?...

LÉLIO.

Seigneur, il y en a quatre pages...

FERNAND.

Quatre pages !... Ce sont des conditions qu'elle m'impose... Oh! tout ce qu'elle voudra, trésors, palais... s'il m'en reste encore un... tout, jusqu'au dernier débris de ma fortune, tout, jusqu'à mon dernier ducat... excepté mon nom... Mais lis donc, misérable !

(Il va s'asseoir près de la table.)

LÉLIO.

« Cornelia la courtisane à don Fernand, marquis de Villaflor, comte de... »

FERNAND, interrompant.

C'est un manifeste de puissance à puissance... Et il y en a quatre pages ?...

LÉLIO.

De sa plus fine écriture...

FERNAND.

Finiras-tu, maudit bavard !

LÉLIO, lisant.

« Tu te souviens, marquis, qu'il y a un mois, » au milieu d'un festin où l'on parlait de la beauté » angélique de Stella Pacheco, et des vertus sé- » vères de sa famille, tu t'écrias : Voilà l'épouse » qu'il faudrait à un homme comme moi !... Tu » dois te rappeler quel rire universel accueillit » cette exclamation, et comment chacun te railla, » toi, le débauché, perdu de vices, d'avoir un » pareil désir... »

FERNAND.

Où en es-tu ?

LÉLIO.

Toujours à la première page.

FERNAND.

Comment a-t-elle pu écrire cela en deux heures ?... Va...

LÉLIO.

« Ce fut alors qu'ivre d'orgueil tu offris de pa- » rier que, si tu le voulais, tu serais en un mois » l'époux de cette belle Stella, le gendre de ce ri- » gide Pacheco. »

FERNAND.

De par l'enfer ! j'étais fou ou ivre des vins empoisonnés qu'on m'avait fait boire...

LÉLIO.

« Et comme tu n'avais plus que les misérables » débris de la fortune perdue à engager dans ce » pari, tu jetas ton nom dans la balance, et tu » osas me dire : Eh bien ! si je ne puis réussir, je » te donne plus que je n'aurais pu ni voulu te » donner au temps de ma plus splendide richesse : » je te donne mon nom. Si, dans un mois, Stella » n'est pas marquise de Villaflor, Cornelia, c'est » toi qui le seras. »

FERNAND.

Oui, j'ai dit cela, et je l'ai signé... signé de ma main, signé de mon nom ; et à l'heure où je l'ai fait, j'ai mérité que le bourreau abattît cette main et me brisât sur le front l'écusson de mes aïeux, que je venais de déshonorer !... Oh ! honte... honte... honte sur moi !... Achève.

LÉLIO.

« L'engagement est formel... il n'y a pas un » tribunal qui ne te force à le tenir. »

FERNAND.

Elle a raison, et ce serait un châtiment que j'ai mérité pour l'avoir contracté...

LÉLIO.

« Tu m'offres aujourd'hui tout ce qui te reste » de tes richesses... tu t'engages même à renon- » cer à Stella ; tu pousses même l'horreur que » t'inspire ton union avec moi jusqu'à me pro- » poser de te faire moine !... » Quoi ! seigneur, vous ?...

FERNAND.

Eh ! Lélio, je me ferais... ermite, ce qui est bien pis...

LÉLIO.

« Il n'est pas de sacrifices que tu ne sois prêt » à faire pour racheter cet engagement... Eh » bien ! marquis, eusses-tu dix fois tous les tré- » sors que tu as follement dispersés... je n'accep- » terais pas... »

FERNAND.

Elle refuse... Oh !...

(Il se cache la tête dans ses mains.)

LÉLIO.

« Dans trois jours le délai expire ; dans trois » jours tu seras le gendre de Pacheco, ou Corne- » lia la courtisane sera marquise de Villaflor... »

FERNAND, avec impatience.

Après... après... il doit y avoir autre chose... Ce n'est pas possible... c'est pour me faire peur... Eh bien ! liras-tu ?... ne m'as-tu pas dit qu'il y en avait quatre pages ?...

LÉLIO.

Oui, seigneur... c'est que je n'ose pas...

FERNAND.

Tu n'oses pas !... Eh ! malheureux, que peut-il y avoir de plus terrible que le refus qui me condamne à donner mon nom à cette honteuse créature ?... Donne, donne !

(Il lui arrache la lettre des mains.)

LÉLIO.

Voilà.

FERNAND, lisant.

« Dans trois jours tu seras le gendre de Pa- » checo, ou Cornelia la courtisane sera marquise » de Villaflor. » (S'arrêtant.) L'infâme ! (Lisant.) « En attendant ce magnifique honneur, je t'en- » voie les madrigaux et les sonnets que le poëte » Mathéo Durazzo, mon nouvel amant, a faits » pour moi... » O exécration !

LÉLIO.

Ah ! c'est affreux, n'est-ce pas, seigneur ?

FERNAND.

Non, Lélio... elle me donne un courage qui me manquait ; ce que j'aurais hésité à faire... je le ferai... Écris de ma part à Cornelia que dans trois jours Stella Pacheco sera marquise de Villaflor.

LÉLIO.

À la bonne heure, seigneur, je vous retrouve !

et quant à l'insolent envoi qu'enferme cette lettre...

FERNAND.

Dis-lui que la plaisanterie est bonne, mais que les vers sont mauvais, et que son Durazzo est un cuistre dont je ne voudrais pas pour rincer les écuelles de mes chiens.

LÉLIO.

Vrai Dieu! monseigneur, je suis sûr maintenant que vous réussirez, et que dans trois jours vous entrerez triomphalement dans la chambre de votre belle épouse!

FERNAND.

Oui... dans sa chambre ou dans ma tombe... et cela vaut la peine de tout entreprendre pour réussir... Suis-moi, Lélio, il me faut de l'or...

LÉLIO.

Diable, monseigneur... de l'or?... Cela devient rare chez nous...

FERNAND.

Eh! pauvre fou... j'en ai tant trouvé pour me perdre...

LÉLIO.

Que vous n'en trouverez peut-être plus pour vous sauver.

FERNAND.

Ce n'est pas l'or qui nous manquera, Lélio, c'est le temps... et les juifs n'en vendent à aucun prix. Hâtons-nous. (Ils sortent.)

SCÈNE V.

BÉNÉDICT, revenant.

J'ai cru qu'ils ne quitteraient pas la place... Il faut avertir encore Stella... (Il prend son luth, regarde en l'air et s'arrête.) Pauvre niais!... Elle était là... bien plus impatiente et bien plus inquiète que moi... Ah! jeunes filles, quand l'amour vous a touchées au cœur, adieu prudence, adieu famille, adieu pudeur... et les frères et les pères boivent tranquillement du vin à l'ombre des platanes... Béni soit Dieu qui, m'ayant pris ma femme, ne m'a pas laissé de filles!...

SCÈNE VI.

BÉNÉDICT, STELLA.

STELLA, sortant par la porte qui est au dessous du balcon et accourant.

Eh bien! Bénédict, où est Silvio?

BÉNÉDICT.

Il m'attendait à la porte de Tolède, senora, et maintenant, il doit être dans la ville.

STELLA.

L'imprudent!... Et pourquoi est-il venu?

BÉNÉDICT.

Il vous aime...

STELLA.

Il sait cependant que s'il était surpris dans la ville, sa mort serait certaine...

BÉNÉDICT.

Il vous aime, et il prendra ses précautions...

Mais ne sait-il pas aussi que le roi a juré que s'il ne pouvait atteindre celui qui enfreindrait ses ordres, son exil deviendrait éternel?

BÉNÉDICT.

Il vous aime, et il est sûr de mon silence...

STELLA.

L'insensé!... et pour me voir une heure, un moment, une minute peut-être... il brave la mort!..

BÉNÉDICT.

Eh! madame, quand j'étais soldat aux gages de don Pèdre, je la bravais tous les jours pour une livre de farine et un broc de vin... (A part.) et, par saint Bénédict, elle vaut davantage.

STELLA.

Mais où veut-il que je le rencontre?

BÉNÉDICT.

Peut-être espère-t-il mieux que cela...

STELLA.

Messire écuyer, je ne vous comprends pas...

BÉNÉDICT.

C'est que peut-être je ne l'ai pas bien compris moi-même; il me semble qu'il m'a parlé de minuit, d'une porte comme celle-ci.

(Il montre la petite porte latérale.)

STELLA.

Tu mens, écuyer!... ne mets pas des sots propos à la place des paroles de mon noble Silvio. Que t'a dit ton maître?

BÉNÉDICT, à part.

Il paraît que mon maître s'est un peu vanté.

STELLA.

Répondras-tu?

BÉNÉDICT, haut.

Eh bien! madame, mon maître m'a dit : « Si, lorsque tu auras chanté, elle te jette une bourse, c'est qu'elle voudra te parler... »

STELLA.

Après?

BÉNÉDICT.

« En ce cas, dis-lui que j'attends ses ordres... reçois-les et viens aussitôt me les rapporter fidèlement. »

STELLA.

Eh bien! va lui dire qu'il se trouve à neuf heures précises sous le porche de l'église de l'Annonciade... Une femme l'abordera en lui disant ce vers d'un grand poète :

La mort est venue sur l'aile de l'amour.

BÉNÉDICT.

Le mot de reconnaissance n'est pas d'un joyeux augure...

STELLA, à part.

Ce doit être celui d'un amour coupable et maudit...

BÉNÉDICT.

Il suffit, madame ; je vais aller le retrouver à la porte de Tolède.

STELLA.

Tu lui as envoyé la bourse, n'est-ce pas ?

BÉNÉDICT.

Assurément.

STELLA.

Telle que je te l'ai jetée ?...

BÉNÉDICT, avec embarras.

Telle que... oui... oui, assurément.

STELLA.

En ce cas, tu trouveras encore Silvio... Va... et tu m'as bien comprise : ce soir, à neuf heures, à l'église de l'Annonciade.

BÉNÉDICT.

J'y cours, madame... j'y cours... (A part, en sortant.) J'ai bien peur d'avoir fait une maladresse pour mon maître... (Il sort.)

ooooooooooooooooooooooooooooooooooooooooo

SCÈNE VII.

STELLA, seule.

Oh! l'imprudent... l'imprudent!... il joue sa vie comme si elle lui appartenait... Ne fait-il pas plus ?... n'est-ce pas ma vie... n'est-ce pas mon honneur qu'il risque, et pourquoi ?... Que je suis injuste !... n'est-ce pas pour me voir ?... serais-je moins courageuse que lui ?... Et si je t'aime avec cette passion, qui me fait trembler le cœur à ton nom seul, n'est-ce pas parce que tu as tout bravé pour moi, mon Silvio ? parce que tu as oublié amis, famille, et ta haine héréditaire et tes injures d'hier, et cela lorsque la vengeance était dans tes mains ?... Car ils m'irritent et me font pitié, lorsqu'ils chantent, comme ils le faisaient là sout à l'heure, la défaite des Tellez... Oui, certes.,. ils ont vaincu quelques uns des plus obscurs... Mais quel est celui des Pacheco qui a croisé son épée avec Silvio sans trouver la mort, ou, ce qui est plus honteux, sans recevoir la vie de sa hautaine pitié ?... Et celui qui est si terrible à tous... dont le regard trouble les plus intrépides... il obéit à mon moindre signe... Si je le veux !... il s'en retournera tout à l'heure, après de longues heures de marche et d'attente, au milieu du danger... sans m'avoir aperçue... Je le connais... il dira qu'on lui ment.. il menacera avec colère, il jurera qu'il n'obéira pas, qu'il viendra... qu'il veut venir... et malgré toutes ses fureurs, il me semble le voir s'éloigner... la colère et le désespoir dans le cœur... murmurant sourdement, attestant le ciel que je suis injuste et sans amour... mais obéissant et soumis... et c'est pour cela que je l'aime, mon Silvio !... Et si je lui dis de venir... oh! mes frères, mes parens et tous les habitans de Murcie, vous pouvez vous armer de vos plus lourdes épées, veiller à l'angle de toutes les rues, au coin de tous les palais, il se glissera à travers vos rangs, rapide et insaisissable comme l'éclair, ou il les brisera, prompt et irrésistible comme la foudre... Oh ! il viendra !... je veux qu'il vienne... Ces deux mois passés hors de sa présence m'ont pesé comme un siècle vide... Je languis... je veille... je pleure... et ma pauvre nourrice pleure de me voir pleurer... Oh ! il faut tout lui dire maintenant... Comment faire !... Eh! ne sait-elle pas déjà la moitié de mon secret ?... ne sait-elle pas que j'aime ?... Et de quoi pourrait donc souffrir la fille de Pacheco, si ce n'était d'aimer ?... Et n'ai-je pas vu ce qu'elle n'osait me dire, lorsque je pleurais sur ce sein qui m'a nourrie ? n'ai-je pas vu qu'elle oublierait et sa sainte rigidité et ses sermens à mon père... pour me venir en aide ?... Oui... oui... elle en sait assez pour me servir... et surtout elle n'en sait pas trop ; car, indulgente pour mon amour, elle serait sans pitié pour celui que j'aime... La haine que le souffle de Silvio a éteinte dans mon cœur brûle toujours puissante dans le sien... Je ne lui dirai pas le nom de Tellez... La voici... Comme elle se hâte... elle accourt du fond du jardin... Bonne nourrice !... elle me croit retirée dans un coin obscur, pleurant et me désolant... et je suis si heureuse... et je ris de ses alarmes !... Ah! ce n'eût pas été ainsi jadis... je ne l'aime plus comme autrefois... Ah ! c'est que je n'aime que toi, Silvio !...

ooooooooooooooooooooooooooooooooooooooooo

SCÈNE VIII.

STELLA, FRANCESCA.

FRANCESCA, après avoir cherché de tous côtés.

Enfin, la voilà ; j'ai parcouru tout le palais en vous appelant, Stella, et ce n'est pas ici que je comptais vous trouver.

STELLA, la conduisant sous les platanes.

Pauvre nourrice !... tu dois être bien fatiguée... Repose-toi un moment.

FRANCESCA, résistant à Stella, qui veut la faire asseoir.

Oh ! que dirait-on de moi, si l'on voyait la fille du comte de Tavora, seule ici, à l'approche de la nuit ?...

STELLA, la faisant asseoir.

Ne gronde pas, bonne nourrice ; un pauvre

chanteur s'était arrêté sous ma fenêtre... et j'étais descendue pour le payer de sa chanson.
FRANCESCA.
Une chanson d'amour, j'en suis sûre...
STELLA.
Oui, bien triste.
FRANCESCA.
Et qui t'a fait pleurer encore, Stella !... Oh! c'est une chose qu'on ne devrait pas tolérer, que ces misérables jongleurs qui s'en vont ainsi chantant aux portes des maisons des aventures amoureuses... Les jeunes filles les écoutent, et ces récits leur donnent des pensées qu'elles n'auraient peut-être pas sans cela.
STELLA.
Tu sais bien qu'il n'est pas besoin des chansons des jongleurs pour penser à celui qu'on aime, Francesca... Lorsque la douleur te rend plus communicative et que tu parles de ton mari qui n'est plus, de ton Paolo, mon bon père nourricier, bien souvent tu m'as dit comment tu l'avais aimé...
FRANCESCA.
C'est bien... c'est bien... j'ai eu tort...
STELLA.
Tu m'as dit aussi comment tu le guettais, ton Paolo, lorsqu'il passait sous tes fenêtres.
FRANCESCA.
C'étaient des contes pour t'endormir...
STELLA.
Comment, un soir, tu ouvris secrètement la porte de ta maison.
FRANCESCA.
Je ne vous ai point dit cela, Stella.
STELLA.
Tu me l'as si bien dit, nourrice, que me voyant rire parce que tu me racontais que vous étiez si troublés que vous n'osiez vous parler... tu as ajouté avec humeur... « Ton tour viendra, Stella, » d'avoir de ces frayeurs qui vous serrent le cœur » à vous étouffer, et alors tu ne riras point. »
FRANCESCA, se levant.
On ne devrait jamais parler devant ces jeunes têtes.
STELLA, tristement.
Et tu avais raison, Francesca, cela vous étreint le cœur à vous le briser...
FRANCESCA, vivement.
Comment as-tu dit, enfant?...
STELLA.
J'ai dit que l'espoir de voir celui qu'on aime est une joie qui enivre l'âme...
FRANCESCA.
Oh! comme ton regard brille et rayonne, Stella....
STELLA.
Et je dis que s'il doit passer sans qu'on le voie ; que s'il doit errer toute la nuit aux abords de la maison, sans qu'on puisse lui en entr'ouvrir la porte.. c'est un supplice affreux... horrible, qui brûle et déchire le cœur...
FRANCESCA.
Et voilà que tu pleures à cette pensée, Stella...
STELLA.
Nourrice...
FRANCESCA.
Et cet espoir et cette crainte... cette joie et cette torture ?...
STELLA.
Ils sont là... Francesca...
FRANCESCA.
Dans votre cœur... Stella !
STELLA.
Je n'ai plus que toi de mère, à qui veux-tu que je le dise ?...
FRANCESCA, à part.
J'en étais sûre... Oh! ces enfans... ces enfans...
STELLA.
Et voilà que, parce que je te l'ai dit, tu t'éloignes de moi... Ah ! c'est bien mal...
FRANCESCA.
M'éloigner de toi !... non... mais te gronder... te gronder bien fort... Je le dois... je le ferai...
STELLA.
Parce que j'aime comme tu as aimé ?
FRANCESCA.
Ce n'est pas la même chose.
STELLA.
Parce que, moi aussi, je veux le voir, lui parler?
FRANCESCA.
Bonté du ciel, que dis-tu là... le voir, lui parler... la fille d'un Pacheco... Tu as perdu la tête, ma fille ?...
STELLA.
Comme toi lorsque tu ouvrais la porte à Paolo..
FRANCESCA.
Mais si ton père le savait, il vous tuerait tous deux, enfans...
STELLA.
Comme ton père t'eût tuée s'il t'avait surprise avec Paolo...
FRANCESCA.
Et je l'eusse bien mérité...
STELLA.
Et tu l'as fait cependant...
FRANCESCA.
Eh ! mon Dieu... je l'aimais... j'étais folle...
STELLA.
Eh bien ! moi aussi... je suis...
FRANCESCA.
Tais-toi... tais-toi... mon Dieu, tais-toi. (Elle la prend dans ses bras.) Est-ce possible, mon Dieu, que tu en sois venue là... sans que j'aie rien découvert... Mais quel est-il cet amant... qui a pu toucher si vivement le cœur de la noble fille de Pacheco ?

STELLA.
Tu le trouveras ce soir sous le porche de l'église de l'Annonciade.

FRANCESCA.
Il est noble... riche, beau, n'est-ce pas ?... Son nom...

STELLA.
Son nom ! Tu n'as pas besoin de le savoir... il sera enveloppé d'un long manteau brun... et tu l'aborderas en lui disant : « La mort est venue sur l'aile de l'amour.... »

FRANCESCA.
Celui qui a dit cela avait raison... et tu pourrais en être un exemple...

STELLA.
Il te demandera si tu n'es pas ma nourrice...

FRANCESCA.
Il me connait donc ?...

STELLA.
N'es-tu pas souvent à mes côtés à cette fenêtre...

FRANCESCA.
Grand Dieu !... est-ce que ce serait...

STELLA.
A ton tour, tais-toi... Dis-lui de te suivre et amène-le ici...

FRANCESCA.
C'est ce que je ne ferai pas, Stella... Non, non, vois-tu, quand je devrais m'en prier à deux genoux... quand je devrais quitter la maison de ton père et ne plus te voir...

STELLA.
Quand tu devrais me voir mourir, n'est-ce pas?

FRANCESCA.
Mourir... toi... ma Stella... te voir mourir... Mais c'est ainsi qu'on parle à ton âge...

STELLA.
Et c'est ainsi que meurent tant de jeunes filles, parce qu'il n'y a personne près d'elles qui prenne pitié de leur douleur !...

FRANCESCA.
Ah ! silence, Stella.

STELLA.
Personne qui les aime...

FRANCESCA.
Personne qui les aime... et te voilà qui dit que je ne l'aime pas... Oh ! Stella, t'ai-je bercé sur mes genoux, ai-je passé tant de nuits à ton chevet quand tu souffrais... ai-je tant pleuré avec toi sans savoir ce qui te faisait pleurer pour que tu me dises que je ne t'aime pas ?...

STELLA.
Eh bien ! si tu m'aimes, Francesca.... à la troisième heure de la nuit tu ouvriras cette porte..

FRANCESCA.
Mais tu sais bien, enfant, que depuis plus de trois mois la clé de cette porte est perdue... et qu'on n'a pu la retrouver...

STELLA, en se cachant la tête.
La voici !...

FRANCESCA.
Grand Dieu... oui... c'est bien cela... Oh ! Stella! Stella !

STELLA.
Et tu comprends maintenant qu'il faut que je le voie, ou que je meure...

FRANCESCA.
Mon Dieu !... mon Dieu, détournez de sa tête le châtiment que votre justice destine aux enfans coupables... C'est à moi qu'en est la faute... à moi qui ne t'ai pas surveillée comme je l'aurais dû... Oh ! ta mère a été heureuse de mourir quand tu étais une enfant innocente et pure...

STELLA.
Oh ! les mères ont de la pitié pour les enfans coupables...

FRANCESCA.
Et que veux-tu de plus ? je t'ai écoutée, et je n'ai oublié aucune de tes paroles... Stella... donne-moi cette clé...

STELLA.
Oh ! bénie sois-tu, Francesca !...

FRANCESCA.
Mais tu comprends que je veux être présente... que je veux...

STELLA.
Oh ! tout ce que tu voudras... Hâte-toi... la nuit tombe... l'heure presse... et... entends-tu... c'est mon père et nos amis qui reviennent de l'assemblée.

FRANCESCA.
Et tu m'as dit ?...

STELLA.
A l'église de l'Annonciade.

FRANCESCA.
Un gentilhomme ?...

STELLA.
Enveloppé d'un long manteau brun.

FRANCESCA.
Et que j'aborderai en lui disant ?

STELLA.
« La mort est venue sur l'aile de l'amour. »

FRANCESCA.
Oh ! fasse Dieu que ce ne soit pas la juste prédiction de leur destinée !...

STELLA.
Va !... va !... Oh ! Silvio, je pourrai donc te voir.

∞∞∞∞∞∞∞∞∞∞∞∞∞∞∞∞∞∞∞∞∞∞∞∞∞∞∞∞∞

SCÈNE IX.

STELLA, PACHECO, FAUSTUS, don **LUIZ.**
(Les jeunes gens causent au fond de la scène.)

PACHECO.
Où va donc ta nourrice, Stella ?

STELLA.
Je l'ignore père... c'est quelque oubli qu'elle aura fait...

ACTE I, SCÈNE IX.

PACHECO.
Comme ta main brûle... tu souffres, Stella?

STELLA.
Vous êtes bon, mon père... je prenais le frais du soir...

(Elle continue à parler bas à son père.)

FAUSTUS, à don Luiz, qui vient d'arriver d'un air empressé.
C'est ton écuyer qui t'a dit cela?...

LUIZ.
Oui, il m'a juré que cet homme avait la tournure de Silvio Tellez.

STELLA, à part.
De Silvio Tellez!

PACHECO, à Faustus et à don Luiz.
Que dites-vous donc là, jeunes gens?...

FAUSTUS, faisant signe à don Luiz de se taire.
Rien, mon père... (Bas à don Luiz.) Nous irons à sa recherche...

PACHECO, de même.
Vous avez nommé Silvio Tellez... En a-t-on des nouvelles?...

LUIZ.
Pourquoi vous le cacher, mon oncle? on prétend l'avoir vu dans la ville...

STELLA.
Oh! mon Dieu!... mon Dieu!... il est perdu...

PACHECO.
Pour quel motif si puissant aurait-il bravé la mort?

LUIZ.
Mon écuyer prétend qu'il avait l'air, sous son déguisement, d'un galant qui attend l'heure du berger...

FAUSTUS.
Et quelle est la dame qui aime cet insolent Tellez... ce...

PACHECO, l'interrompant.
Insolent, mais brave... et la femme qui inspire un amour qui ne s'arrête pas devant la crainte de la mort... a droit d'en être fière...

STELLA, à part et regardant son père.
O bon et noble père!...

PACHECO, montrant sa fille.
Mais nous oublions qu'il y a ici des oreilles qui ne doivent pas entendre de pareils propos. Merci de votre compagnie, enfans... Embrasse ta mère pour moi, don Luiz... Rentrons, Faustus... Viens, Stella.

FAUSTUS.
Tout à l'heure, mon père...

PACHECO.
Allons... allons!... Faustus... je ne veux point cela... Point de nouvelles querelles; et s'il est vrai que Silvio soit dans la ville... ce n'est pas comme notre ennemi.

LUIZ.
Vrai Dieu!... je donnerais quelque chose pour troubler son rendez-vous.

PACHECO.
Allons, allons, jeunes gens, faut-il donc que vous ne soyez jamais indulgens pour des fautes qui sont souvent les vôtres?

LUIZ.
Vous avez toujours raison, mon oncle...

STELLA, à part.
Oh! il me pardonnerait... lui...

FAUSTUS.
J'obéis, mon père..., mais si une occasion se présente de le combattre... l'un de nous deux n'importunera plus l'autre.

PACHECO.
Et si cette occasion se présente... ce n'est pas moi qui te dirai de l'éviter...

STELLA, à part.
Oh! mon Dieu! il a encore plus de haine que de justice!

PACHECO.
Venez, Faustus...

(Silvio, à ce moment, se glisse près de Stella, qui est tout à fait à gauche.)

SILVIO.
Stella!

STELLA.
Grand Dieu!... Silvio !...

PACHECO, revenant vers sa fille.
Qu'est-ce donc?...

STELLA, troublée.
Ce que vous disiez tout à l'heure m'a fait peur.

PACHECO, la prenant par la main.
Allons... Faustus... tu vois... la voilà toute tremblante... Bonsoir, enfans...

TOUS.
Bonne nuit... monseigneur...

STELLA, à part.
Oh! qu'est-il arrivé!

PACHECO.
Éclairez!... (Des valets sortent avec des torches.) et qu'on ferme soigneusement cette porte.

STELLA.
Mon père, vous oubliez que Francesca est dehors.

PACHECO.
Qu'on l'attende, et toi, tu la gronderas, Stella, de s'attarder ainsi à son âge. (Se retournant sur le seuil.) Pour la dernière fois... bonne nuit, enfans...

LUIZ.
Bonne nuit à vous, mon oncle, et à ma belle cousine...

TOUS.
Bonne nuit!...

(Pacheco, Stella, Faustus et les valets rentrent, don Luiz et ses compagnons s'éloignent.)

SCÈNE X.

SILVIO, reparaissant, puis STELLA.

SILVIO.

Elle aura été empêchée de venir au rendez-vous que m'indiquait cette bourse... et maintenant pourra-t-elle s'échapper... O ma Stella, ma Stella!... je veillerai à ton seuil, je resterai près de cette porte, et si tu veux me l'ouvrir encore... vienne la mort après... Mais ce n'est pas l'heure des idées sombres... Le roi a fait de notre union une récompense de ma soumission à ses lois, et un gage de repos pour Murcie... O Stella... Stella... que n'aurais-je pas bravé pour te venir apprendre cette félicité inespérée... Bientôt tu ne seras plus l'amante ignorée et tremblante dont je crains de prononcer le nom... Le nom que je te donnerai, tu le porteras fièrement, car il est noble et pur... (Il fait nuit.)

STELLA.

Silvio... Silvio !...

SILVIO.

Stella! ô ma Stella!

STELLA.

Arrête... mon père est encore dans le vestibule... Tu n'as donc pas rencontré Francesca à l'église de l'Annonciade?

SILVIO.

A l'église de l'Annonciade?... non... Cette bourse sans ton chiffre ne me disait-elle pas que je te trouverais aux allées du château...

STELLA.

Sans mon chiffre!... Mais il était sur celle que j'ai jetée à Bénédict... Que signifie?...

SILVIO.

Qu'importe, puisque je suis près de toi. Mais ne peux-tu m'ouvrir.

STELLA.

J'ai remis la clé à Francesca.

SILVIO.

Que faire... Car je suis découvert... je le crains.

STELLA.

Je le sais... Eh bien! écoute... Dans une heure, quand une lumière brillera à ma fenêtre... viens... j'ai gardé l'échelle de soie qui t'a conduit près de moi... dans ce jour... que je voudrais oublier, et auquel je pense sans cesse.

SILVIO

Oh! Stella! Stella!... celui-ci restera aussi dans ton souvenir, car je t'apporte l'espoir d'un bonheur prochain...

PACHECO, de l'intérieur.

Stella!

STELLA.

C'est mon père !...

SILVIO.

Va... va... et n'oublie pas que je t'attends...

PACHECO, de même.

Stella! Stella!

STELLA.

Me voilà... mon père... me voilà... Oh! Silvio... tu m'as rendue folle... (Elle rentre.)

SCÈNE XI.

SILVIO, seul.

La maison n'est point fermée... Quelqu'un peut encore en sortir... éloignons-nous... (Il va vers le fond.) J'entends venir de ce côté, et ce n'est pas le moment de chercher des rencontres... Le bonheur rend timide... (Il s'éloigne.)

SCÈNE XII.

DON FERNAND, LÉLIO, puis FRANCESCA.

LÉLIO.

Eh bien! seigneur, êtes-vous pour l'escalade ou pour la corruption?...

FERNAND.

Je suis pour le succès, Lélio... Toutes nos mesures sont prises?...

LÉLIO.

Voici le crochet pour l'escalade...

FERNAND, montrant une bourse.

Et voilà de quoi dissoudre la conscience la mieux trempée... Allons, tâche d'attirer ici un des serviteurs de la maison... De par le diable! ce vin de Xérès m'a monté la tête...

LÉLIO.

Je ne vois personne...

FRANCESCA, arrivant du côté opposé à la maison.

Je ne l'ai pas trouvé... tant mieux... tant mieux... Ce rendez-vous me faisait peur...

FERNAND.

Je voudrais cependant éviter l'escalade...

FRANCESCA, marchant vers la maison.

Un rendez-vous dont le signal était : « La mort est venue sur les ailes de l'amour. »

FERNAND.

Qui a parlé là?...

FRANCESCA.

Qu'est-ce que c'est?... un jeune homme enveloppé d'un manteau...

FERNAND.

C'est Francesca, je crois... (Haut.) Hé! un mot, la bonne dame; n'êtes-vous pas la nourrice de la belle Stella?...

ACTE I, SCÈNE XII.

FRANCESCA.
C'est moi-même, seigneur... (A part.) Je ne me trompe pas, c'est ce beau don Fernand de Villaflor, qui se promène si souvent sous nos fenêtres, et qu'elle disait détester... Ah! que c'est bien ainsi que font toutes les jeunes filles...

FERNAND, qui a été rejoindre Lélio.
Fais le guet... voici mon affaire... (Il revient.) Un instant, nourrice.

FRANCESCA.
Deux, seigneur... si cela vous convient... (A part.) C'est bien lui !... si léger... si brave... si prodigue... si libertin... Et ce sont ceux-là qu'on aime le mieux...

FERNAND.
Ton cœur est-il accessible à la pitié, nourrice?...

FRANCESCA, à part.
Le voilà qui commence... (Haut.) A la pitié?... je ne devrais pas en avoir...

FERNAND.
Ce qui prouve que tu en as, et c'est un trop bon sentiment pour ne pas l'encourager... Tiens.
(Il lui tend une bourse.)

FRANCESCA, refusant.
Ah! seigneur... je ne puis accepter...

FERNAND.
Tu es trop honnête femme pour cela, je comprends... et tu n'accepterais pas cette bourse sans l'avoir gagnée...

FRANCESCA.
Et que faut-il faire pour cela?...

FERNAND.
Tu n'habites pas ce palais depuis vingt ans sans connaître quelque issue secrète, quelque porte cachée par où l'on puisse y pénétrer...

FRANCESCA, à part.
C'est lui... (Haut.) Oui, seigneur, j'en connais et je ne pensais pas que je serais réduite à l'ouvrir à pareille heure.

FERNAND, avec surprise.
Tu acceptes?...

FRANCESCA.
Il le faut bien... Votre main...

FERNAND.
Tu veux dire ma bourse...
(Il la lui offre.)

FRANCESCA, repoussant la bourse.
Non, seigneur... Et si ce n'était la pitié...

FERNAND.
Tu es bien sensible...

FRANCESCA.
Car vous l'avez dit, seigneur... je suis une honnête femme...

FERNAND, à part.
Voilà une coquine que je chasserai le jour de mes noces...

LÉLIO, accourant.
Dépêchez.. Voici quelqu'un !...

FERNAND.
Il me semble que j'ai été assez vite...
(Une lumière paraît au balcon.)
SILVIO, paraissant du côté des arbres.
Elle est dans sa chambre...
[FERNAND, suivant Francesca, qui le conduit à la petite porte.
Le diable m'emporte, si je sais où je vais...

LÉLIO.
Avez-vous peur?...

FERNAND.
Quand le paradis s'ouvre... moi qui irais le front levé aux enfers !... Non... non... Lélio...

FRANCESCA.
Hâtez-vous donc!

SILVIO, à part.
Voici l'échelle...

FERNAND, à Lélio.
Et sois à la porte, demain, au point du jour.

LÉLIO.
J'y serai !...

FERNAND.
Et maintenant tu peux écrire à la Cornelia que Stella Pacheco sera, dans trois jours, marquise de Villaflor...

SILVIO.
Oh! quelle joie pour toi, Stella, d'apprendre que bientôt tu seras marquise de Guescar !
(Villaflor monte par le petit escalier qui se trouve derrière la porte que Francesca vient de lui ouvrir.— Silvio gagne l'échelle et monte par la fenêtre.)

FIN DU PREMIER ACTE.

ACTE DEUXIÈME.

Le théâtre représente une salle ouverte, au fond, par une croisée avec un balcon. — A droite et à gauche de cette croisée, et formant les deux angles de cette salle, sont deux portes, dont l'une de droite ouvre sur une galerie, et l'autre de gauche sur une chapelle. — Du côté de la galerie, et sur un plan plus rapproché du spectateur, est la porte de la chambre de Francesca. — En face et au même plan, du côté de la chapelle, est la porte de la chambre de Stella. — A droite et sur le devant de la scène est un fauteuil. — Il fait nuit.

SCÈNE I.

Don SILVIO, DONA STELLA, DON FERNAND, endormi. Il est couché sur un banc, au fond de la galerie de droite; il ne peut être vu ni de Silvio ni de Stella.

SILVIO.
Pourquoi cette tristesse?... Espère, Stella... espère... Non, tu n'as pas confié ton bonheur et ta vie à un homme que peuvent arrêter les rigueurs d'un père ou les ordres d'un roi... Si Henri ne m'avait fait proposer par Medina, mon ami, cette alliance où sa politique a si bien servi notre amour... je t'aurais déjà arrachée de Murcie...

STELLA.
Je sais que tu m'aimes, Silvio.

SILVIO.
Tu le sais, n'est-ce pas?... car tu te souviens avec quelle soumission j'acceptai l'illégitime royauté de Transtamare, lorsque la mort de don Pèdre, son frère et son rival, m'eut délié de mes sermens... C'est que je rentrais à Murcie, c'est que je revenais où tu étais, Stella.

STELLA.
Et ce fut pour mon amour une joie dont tu t'armas contre moi, Silvio; car ce fut alors que je ne pus te cacher ce qui se passait dans mon cœur.

SILVIO.
Regrettes-tu de m'avoir montré que tu m'aimais? et notre bonheur n'a-t-il pas été assez vite troublé par l'insupportable orgueil des tiens?...

STELLA.
Plus bas, Silvio, plus bas!

SILVIO.
Parce que pour toi seule je revenais paisiblement à Murcie, parce que pour toi seule j'acceptais, au nom des miens, la loi de Transtamare, qui condamnait tout seigneur qui troublerait la paix de la ville, les Pacheco ont oublié que Transtamare avait tué don Pèdre, mais qu'il n'avait pas vaincu les Tellez, et qu'il ne devait leur obéissance qu'à ma volonté.

STELLA.
Et à notre amour... Je sais que tu m'aimes, Silvio.

SILVIO.
Tu le sais, n'est-ce pas?... car tu te souviens aussi avec quelle patience je supportai les railleries, les insolences des tiens.

STELLA.
Ne parle pas de ta patience, Silvio, toi, dont les soudaines colères ont souvent pris de si terribles résolutions. Je tremble à te voir encore si plein de tes ressentimens, et je voudrais le trouver plus heureux de notre espoir... plus reconnaissant de la clémence de notre roi.

SILVIO.
La clémence de Henri de Transtamare n'est que la prudence d'un habile politique; il n'est pas si bien assis sur son trône usurpé qu'il ne sente que la main des Tellez pourrait l'y faire chanceler... Il est trop savant dans l'art de la guerre pour ne pas savoir que ma ville de Guescar est un passage qu'il me suffirait d'ouvrir aux Maures, pour lui arracher cette province à peine conquise.

STELLA.
Le roi te connaît, Tellez, et il n'a point cette crainte.

SILVIO.
Oh! il est temps que cet exil finisse...

STELLA.
Pars donc, mon Silvio; ne compromettons pas notre suprême espoir par une imprudence... Pars, il en est temps... Malgré ce que tu appelles le triomphe des Pacheco, le paisible sommeil ne ferme pas tous les yeux dans ce palais... la mort y a jeté des insomnies cruelles... et mon père y veille souvent dans les larmes, tandis que j'y veille d'amour.

SILVIO.
Pourquoi me forcer à te quitter si vite, Stella?

STELLA.
Parce que c'est la mort pour toi, si l'on te surprend dans ce palais; c'est la mort, si tu étais arrêté dans la ville; et ce serait encore la mort, si l'on te soupçonnait d'avoir enfreint les ordres du roi, car ce serait un exil éternel.

SILVIO.
Oh! tu as raison, Stella, l'exil, c'est la mort... Bien plus, c'est la mort qui souffre, c'est le cœur

ACTE II, SCÈNE II.

fermé à toutes les joies, ouvert à toutes les douleurs, à toutes les craintes, à tous les soupçons.

STELLA.
A tous les soupçons !...

SILVIO.
Oh! pardonne-moi, Stella, c'est à rendre fou l'esprit le plus juste, à rendre méchant le cœur le plus confiant... On se crée des fantômes, on imagine des crimes; on se rappelle tant d'exemples de trahisons!

STELLA.
De trahisons, dis-tu?

SILVIO.
J'ai tort, j'ai tort ! Mais, je te l'ai dit, il est temps que cet exil finisse... que cet hymen se fasse... Il ne faut pas que celle qui doit porter mon nom soit exposée à des soupçons.

STELLA.
Des soupçons !... Encore ce mot?

SILVIO.
Ne dit-on pas que ce marquis de Villaflor 'aime.

STELLA.
Que t'importe, si je le hais, si je le méprise?

SILVIO.
Il est beau, brave, magnifique.

STELLA.
Silvio !

SILVIO.
Il connaît l'art d'éblouir les yeux, de surprendre le cœur et l'esprit des femmes.

STELLA.
Silvio !

SILVIO.
Et lorsque celui qu'on aime est absent, proscrit, malheureux, lorsque, pour être à lui, il faut braver la colère d'un père, d'un frère...

STELLA, avec amertume.
Silvio... écoute-moi... écoute-moi !... La jeune fille qui n'a encore menti à aucun de ses devoirs, à qui celui qu'elle aime montre de pareilles craintes, peut en rire comme d'une folie, car elle est protégée par son innocence; mais celle qui, comme moi, a oublié le respect qu'elle doit à la maison de son père...

SILVIO.
Que dis-tu?...

STELLA.
Oui, Silvio... celle qui, comme moi, coupable, trouve dans le cœur de son amant de pareils soupçons, celle-là reçoit le premier châtiment de sa faute.

SILVIO.
De sa faute !

STELLA.
Mon Dieu ! je l'ai bien mérité.

SILVIO.
Tais-toi !... oh ! tais-toi !... je suis un insensé...

Mais tu me connais, je suis jaloux... emporté !...

STELLA.
Je me tais, Silvio... Mais tiens... mets ta main sur mon cœur, il bat à me briser la poitrine... Je sens que le rouge de la colère me brûle au visage... Je puis vivre dans le désespoir... dans l'abandon... je puis mourir... mais... Silvio, ne me répète jamais de telles paroles, Dieu m'a faite ainsi, je le sens, je ne te le pardonnerais pas.

SILVIO.
J'aime ta colère, Stella, elle me charme, elle me rassure.

STELLA.
Encore?

SILVIO.
Eh bien ! j'ai tort... j'ai tort... mais n'oublie pas que je souffre.

STELLA.
Et que tu as le droit d'être injuste, n'est-ce pas ?

SILVIO.
Je t'aime tant, et tu es si belle, que j'ai peur. (Fernand remue sur le banc où il dort, et son épée tombe.)

STELLA.
Qu'est cela ?

SILVIO.
Du bruit !

STELLA.
On vient, fuyons ! (Allant vers la droite.) Par là, c'est la chambre de Francesca... Elle est fermée !

SILVIO.
Donne-moi l'échelle de soie !

STELLA.
Oh ! non, non... suis-moi... (Retournant vers la gauche.) Cette chapelle ouvre sur la rue de Tolède.

SILVIO.
Tu as raison, et je serai plus tôt hors de la ville. Viens, Stella, et nous nous arrêterons un moment au pied de l'autel pour demander au Seigneur qu'il protége nos espérances et notre amour.

(Ils sortent par la porte de la chapelle.)

SCÈNE II.

FERNAND, entrant à tâtons.

Cette nuit infernale ne finira donc jamais !... Je me croyais plus sûr de moi... Il n'y avait pas une demi-heure que j'étais dans cette salle, après avoir prudemment enfermé l'honnête nourrice chez elle, que je me suis senti pris d'une vertueuse envie de dormir. L'indigne matrone que cette nourrice ! De par tous les diables ! si depuis un mois je ne faisais le guet nuit et jour aux abords de cette maison, je ne sais ce que j'oserais croire.. Elle m'a conduit par la main jusqu'à cette salle et elle m'a dit avec la plus parfaite tranquillité : « Je vais dire à ma maîtresse que vous êtes là ! » Ce n'était pas là mon affaire... des pleurs, des cris... un frère et un père qui accourent avec des flambeaux... et qui, après quelques estafilades, jettent le cadavre d'un insolent par la fenêtre... Non point ! j'ai mieux combiné mes desseins, et, quant à présent, je n'ai rien à vous dire que vous puissiez entendre, belle Stella !..... Mon entreprise est infâme au fond... mais, j'y mettrai des formes..... (Se tournant vers la croisée.) Eh ! je crois que le dénouement s'approche, car il me semble voir poindre une lueur à l'horizon.. Mais il n'est pas encore temps, tout dort dans cette maison ; et cependant, tandis que j'étais étendu sur ce banc, d'un bois si poli et si dur, il m'a semblé qu'on marchait ; tout à l'heure même, j'ai cru entendre des voix..... Oh ! non, c'est que le sommeil est plein de rêves funestes, quand le remords est dans le cœur, et que le lit est mauvais... Je suis rompu... Ces patriarches de la rigidité antique et des bonnes mœurs, ils croiraient manquer à la vertu, s'ils mettaient un coussin sur un banc... Je changerai tout cela... Ah ! je ris... ou plutôt, je veux rire avec moi-même... et je ne puis... Je suis donc entré dans cette maison qu'habitent le calme, la sérénité... dans cette maison, où tous les jours se passent, remplis de paisibles et saintes occupations, pour y apporter le scandale, les cris, le désespoir... le sang... la mort peut-être... et cela parce qu'il faut que j'échappe à un engagement infâme que j'ai pris dans une heure d'ivresse... Vrai Dieu ! ne vaudrait-il pas mieux m'en retourner comme je suis venu... Pourquoi faire? pour épouser la Cornelia, cette hideuse courtisane, qui me ferait de ses amans un cortège plus nombreux que celui du grand inquisiteur... oh ! non...Pour me refuser à tenir mon engagement envers elle... ajouter une lâcheté à une infamie, et devenir le mépris et la risée de toute l'Espagne... non, cent fois non !... Ce serait donc pour me passer gaillardement mon épée à travers le cœur?... je n'en ai nulle envie... et d'ailleurs, c'est un péché mortel... Ce que j'ai fait était pour le mieux ; car, s'il arrive que les Pacheco commencent par m'étendre sur le sol d'un bon coup de poignard, ce sera tout aussi bien fait que si je m'en chargeais moi-même, et je paraîtrai devant Dieu avec ce crime de moins sur la conscience... Espérons que cela ne tournera pas ainsi... Le vieux Pacheco ne m'est pas si ennemi qu'il veut bien le dire... Faustus est un brutal.. qu'il sera difficile de faire taire, mais ce que je demande surtout, c'est du bruit. Quant à Stella !... la pauvre enfant... je n'ose y penser... mais je l'aimerai tant, je serai pour

elle un si bon mari... oui, je serai un bon mari !... Cela exige des qualités essentielles sans doute... mais pour peu que j'en aie reçu du ciel ma petite part... elle a dû s'accroître, car je n'en ai pas encore usé !... Ah ! misérable fou que je suis... je veux rire encore, mais je ris comme le damné dans la cage de fer où il brûle... je ris de mes vices... ils me tenaillent le cœur... Ah ! pourquoi suis-je entré ici !... Oui, décidément, j'en sortirai comme j'y suis venu... sans que personne ne sache... Non, non, il n'est pas juste de jeter ainsi toute cette famille dans le désespoir... vous, surtout, Stella, vous que j'aime... Le jour paraît à peine, la rue doit être déserte, partons !

(Il va vers le balcon.)

LÉLIO, d'en bas.

Eh ! voyez donc, là-haut! (Rumeurs.)

VOIX.

Qu'est-ce que c'est ?

FERNAND, rentrant.

Lélio est déjà arrivé !... S'il s'agissait d'une bonne action, le drôle ronflerait sur son oreiller... Tâchons de lui faire signe...

(Il s'approche du balcon.)

LÉLIO, en bas.

Encore !... Un cavalier à la fenêtre de Stella !

VOIX.

Oui, oui, un cavalier !

FERNAND, sur le balcon.

Tais-toi !

PLUSIEURS VOIX.

Chez Stella ! chez Stella !

LÉLIO, d'en bas.

Juste ciel ! c'est mon maître !

(Tumulte au bas de la fenêtre.)

VOIX.

C'est son maître.

FERNAND, rentrant dans la salle.

Allons... Dieu est contre mes bonnes intentions. Le dé est jeté, jouons la partie jusqu'au bout... il me faut des cris... Ouvrons à la vieille femme. (Il tire le verrou de la porte de Francesca.) Mon épée ne tient pas au fourreau... c'est bien!... Il y a un premier moment difficile à passer...

(Il retourne au balcon.)

VOIX, d'en bas.

Don Fernand !

PACHECO, de l'intérieur de la maison.

Qu'est-ce donc ?

LÉLIO, d'en bas.

Là-haut ! voyez, chez Stella !

VOIX, de même.

Voyez chez Stella !

FAUSTUS, de l'intérieur de la maison.

Ma sœur !... ils parlent de ma sœur !

VOIX, d'en bas.

Don Fernand !

FERNAND.
Dieu vivant! s'ils me tuent comme un chien, ils feront bien.
(Il se retire au fond, sur le balcon.)

SCÈNE III.

Don FERNAND, toujours sur le balcon, STELLA, FRANCESCA.

STELLA, arrivant de sa chambre.
Quel est ce bruit... ce tumulte?
FRANCESCA, arrivant de l'autre côté.
Fuis!... cache-toi!... cache-toi, Stella!
STELLA.
Pourquoi donc?
FRANCESCA, épouvantée.
Il est découvert!...
STELLA.
Qui donc?
FRANCESCA.
Ton amant!
STELLA.
Qu'as-tu dit?
PACHECO, de l'intérieur de la maison.
Faustus!... à moi Faustus!
FRANCESCA.
Entends-tu... entends-tu?... c'est ton père... ton père, l'épée à la main... et Faustus... Faustus armé et l'œil en feu... Mais cache-toi donc, enferme-toi, ils te tueront!
STELLA, à part.
Qu'importe, si Silvio est sauvé!
FRANCESCA, la poussant dans la chambre et refermant la porte.
Les voici!... cache-toi!...
(Fernand s'élance l'épée à la main devant la porte.)
FRANCESCA, se plaçant devant la porte.
Oh! ils me tueront avant elle.

SCÈNE IV.

DON FERNAND, PACHECO, FAUSTUS, FRANCESCA, SERVITEURS ARMÉS.

LES VALETS, accourant, l'épée à la main.
Mort à l'infâme!... mort!
FERNAND.
Arrière canaille, il faut des mains plus propres que les vôtres pour tuer un noble Castillan.
FAUSTUS, s'élançant sur don Fernand.
Villaflor, c'est toi!... Ah! misérable!
FERNAND, lutte avec lui, le désarme, et jette son épée au loin.
Il paraît que les mains calleuses ne sont pas les plus fortes.

LES AMANS DE MURCIE.

FAUSTUS.
Oh! malheur!
PACHECO, de la galerie.
Ma fille!... ma fille!
FAUSTUS, courant au devant de lui.
Arrêtez, mon père!
PACHECO en haut.
Où est Stella?
FERNAND, devant la porte de Stella.
Sous la protection de mon épée, et personne ne passera!
PACHECO prend son épée des mains d'un de ses capitaines, qui l'a suivi, et marchant sur Fernand.
Tu mourras donc le premier, marquis de Villaflor!
FERNAND, jetant sa propre épée aux pieds de Pacheco.
Comme il vous plaira, seigneur!
PACHECO, avec fureur.
Défends-toi!
FERNAND.
Non, je vous reconnais pour mon juge. (Il met un genou à terre.) Et vous pouvez me frapper, si toutefois un juge peut frapper un coupable sans l'entendre.
PACHECO, l'épée levée, la baisse lentement.
Villaflor... ah! pourquoi ne t'es-tu pas défendu?
FAUSTUS.
Frappez!... qu'il meure!
FERNAND, toujours à genoux.
Ramassez donc votre épée, Faustus.
FAUSTUS.
Tu te trompes, Villaflor, si tu crois m'arrêter par ta vaine forfanterie... (Il ramasse son épée, et revient sur don Fernand.) Tiens, infâme!...
PACHECO, l'arrêtant.
Arrête, Faustus!... il ne mérite de mourir ni de ma main, ni de la tienne.
FERNAND, à part, et se relevant.
Il était temps; j'ai cru que j'allais perdre mon pari.
PACHECO.
Que le palais soit fermé... que personne ne sorte, il faut que la ville n'apprenne l'outrage qu'en apprenant le châtiment.
FERNAND, à part.
Ou Lélio a perdu les jambes et la langue, ou la moitié de la ville sait déjà l'outrage.
FAUSTUS.
Mon père, que voulez-vous donc faire?
PACHECO.
Il mourra, Faustus, il mourra... mais ce sera lorsque je saurai la vérité!
FERNAND, à part.
Il sera bien habile s'il y comprend quelque chose.
PACHECO.
Car il n'est pas le seul coupable peut-être.

2

FAUSTUS.
Elle doit mourir aussi, père, ou la flétrissure restera éternelle sur notre nom.
PACHECO.
Justice sera faite, Faustus... justice impitoyable s'il le faut !... (Aux valets.) Sortez !
(Les valets sortent.)
FERNAND, à part.
Du moment qu'ils ne m'ont pas tué sur place, j'ai gagné la première manche... tâchons de bien jouer la seconde.
PACHECO, à Francesca, qui suit les valets.
Reste, Francesca... reste... Je t'avais confié ma fille !... Oh ! misère et désespoir... comment me la rends-tu ? Oh ! tu as aussi à me répondre, toi.
FRANCESCA.
Seigneur !...

ooooooooooooooooooooooooooooooooooooooooooooooo

SCÈNE V.

FRANCESCA, DON FERNAND, PACHECO, FAUSTUS.

FERNAND, s'approchant de Francesca et lui parlant bas.
Tais-toi, nourrice, et laisse-moi parler.
FAUSTUS.
Hâtez-vous donc, mon père... chaque minute de la vie de cet homme est un outrage pour nous... Voyez, là-bas, on s'assemble... on regarde...
PACHECO.
Oui, là-bas, sous ces mêmes arbres.. où tu chantais hier notre victoire... où tu criais follement : les Pacheco sont les maîtres de Murcie !... à cette même place où tu t'irritais de la chanson de ce jongleur qui parlait d'une jeune fille séduite... des curieux se disent maintenant entre eux : «Vous ne savez pas ? on a surpris un amant qui s'échappait de l'appartement de la fille de Pacheco... Quoi ! cette belle Stella trompait son père?... Stella avait un amant?... Stella est une fille perdue !...» Ils disent cela... je les entends... Ils disent cela de ma fille !... O mon Dieu, vous avez été moins cruel lorsque vous m'avez enlevé mes deux fils !
FAUSTUS.
Le sang lave toutes les injures!
PACHECO.
Oui, mais le sang s'épuise vite, et les larmes coulent toujours.
FAUSTUS.
O mon père ! que dites-vous ?
PACHECO.
Ne crains rien, Faustus, la vie de cet homme nous appartient, et rien ne le sauvera... ni lois, ni prince, ni amis !

FERNAND.
Ni moi-même, seigneur, qui vous l'ai livrée sans défense... Et si ma mort est résolue, Faustus a raison : plus elle sera prompte, et mieux votre honneur sera vengé.
PACHECO.
Tu te trompes, Villaflor, car je ne connais pas toute l'étendue de ton crime, je ne sais pas si tu es le seul coupable.
FERNAND.
Et si je n'étais pas seul ?
FAUSTUS.
A tous les coupables le même châtiment.
FERNAND.
Est-ce vrai, Pacheco ?
PACHECO.
Les cachots d'un couvent sont plus cruels que la mort... et ceux où la sœur de ton père a langui vingt ans ne sont pas fermés pour toujours sur la cendre de la coupable... Ce qu'un Villaflor a pu faire, un Pacheco le fera.
FERNAND.
Tu as raison, et peut-être n'eussé-je pas fait le crime que je viens de commettre, si ce souvenir m'était venu il y a quelques heures.
FAUSTUS.
Il y a quelques heures !...
FERNAND.
Il y a quelques heures, j'ai abordé cette femme, je lui ai proposé de l'or, et je lui ai demandé de m'introduire dans ce palais... elle a accepté...
PACHECO.
Toi, Francesca !
FRANCESCA.
Seigneur, je suis à votre merci !
FERNAND.
Quand cette femme m'a eu introduit dans la maison, je me suis arrêté à cette porte.
PACHECO.
Tu mens !
FERNAND.
Je me suis arrêté à cette porte, te dis-je... j'ai passé la nuit dans cette chambre... j'ai attendu le jour, et quand le jour est venu, j'ai feint de sortir de l'appartement de la fille.
FAUSTUS.
Oh ! tu mens! tu mens !
PACHECO.
Et pourquoi cela, malheureux ?
FERNAND.
Pour ce qui est arrivé... pour ce qui arrive... pour qu'on crie dans la rue que Stella a un amant... que cet amant est le marquis de Villaflor... et pour que Pacheco me tue ou me donne la main de Stella, maintenant perdue et déshonorée... et que cet hymen seul peut sauver.
PACHECO.
Oh ! mon Dieu ! c'est à ne pas le croire ? c'était là ton projet !

ACTE II, SCÈNE VI.

FAUSTUS.
Eh ! mon père, ne voyez-vous pas qu'il cherche à la sauver ?

PACHECO.
Est-ce vrai ce que tu dis ?... O mon Dieu ! il est infâme et lâche... et criminel... Mais tu es noble et fier dans tes crimes, et tu ne mens pas, Villaflor ?

FERNAND.
Et ce que je te dis à toi, je le dirai avant de mourir, devant tous les tiens assemblés.

PACHECO.
Devant tous les miens ! (A Faustus.) Qu'on les avertisse !

FERNAND.
Je le dirai pour réparer le mal que j'ai fait, si, toutefois, il est réparable... car il est trop certain que souvent la vérité frappe en vain l'oreille qui s'est ouverte à la calomnie, et il en est qui resteront fermées à la justification de la fille, ne fût-ce que celles des Tellez ?

PACHECO.
Oh ! je les ferai taire !

FERNAND.
Ils se tairaient mieux, le jour où Stella serait marquise de Villaflor !

PACHECO.
Et parce que tu as voulu la déshonorer, il faudra que je te livre ta proie ?

FERNAND.
Pacheco, cette main qui a été assez forte pour soutenir le poids de mes vices, sera encore plus forte pour briser tout ce honteux passé. Il viendra un jour où ta fille sera fière de porter ce nom qui lui fera horreur aujourd'hui... Pacheco, j'ai là de quoi la rendre si grande et si heureuse, qu'elle ne puisse pas voir au delà du bonheur que je lui donnerai.

PACHECO.
Tu es fou !

FAUSTUS.
Et tu mens, te dis-je !

FERNAND.
Oublies-tu que je vais mourir !

FAUSTUS.
Ne voyez-vous pas, mon père, qu'il vient de demander sa vie et celle de Stella, en montrant cet hymen comme le salut nécessaire de sa complice ?... Mais si je disais vrai, Stella serait ici, Stella l'accuserait...

PACHECO.
Il a raison !

FERNAND.
Je mens, Faustus ? Eh bien ! écoute... va chercher Stella, dis-lui que le marquis de Villaflor est mort, dis-lui que tu viens de le tuer... et elle te demandera d'un front calme et paisible de quel crime tu as puni ce débauché.

PACHECO.
Emmène-le donc, Faustus !

FERNAND.
Et fais prévenir les tiens pour qu'ils reçoivent mon aveu.

FAUSTUS.
Et préparent le billot pour qu'il reçoive ta tête.

FERNAND.
C'est un soin que tu peux t'épargner, je n'ai pas jeté mon poignard.

FAUSTUS.
Qu'on l'emmène !

FERNAND.
J'ai probablement perdu, mais j'ai loyalement joué ! (Il sort, emmené par des gardes.)

SCÈNE VI.

FRANCESCA, PACHECO, FAUSTUS.

PACHECO.
Oh ! oui, il dit vrai... Non, Stella n'est pas coupable, elle ne peut pas l'être... D'ailleurs... je le devinerai dans ses yeux, sur son front, à l'accent de sa voix... Oh ! elle restera calme, n'est-ce pas, mon Dieu ! à la nouvelle de la mort de ce misérable ; rien de la troublera... je ne la verrai ni pâlir, ni pleurer ?... Elle est innocente !... Allez, allez chercher Stella !

FAUSTUS.
Un instant, mon père... nos parens, accourus au bruit du malheur qui nous a frappés... nos parens sont là ; ils croiraient peut-être mieux à la justification de Stella s'ils étaient témoins de cette épreuve.

PACHECO.
Tu as raison ; il faut que son innocence brille aux yeux de tous, pure et éclatante comme la lumière du jour... Va les chercher.

FRANCESCA, s'avançant vers Pacheco.
Ne faites pas cela, seigneur !

PACHECO.
Grand Dieu !

FRANCESCA.
Ils liraient sa faute sur son front !

PACHECO, à part.
Sa faute !... (Haut, appelant.) Faustus ! Faustus !

FAUSTUS, revenant sur ses pas.
Mon père !

PACHECO.
Attends !

FAUSTUS.
Qu'est-ce donc ?

PACHECO.
Va, Faustus, va près de nos parens, va les recevoir, ils excuseront la douleur d'un père.

FAUSTUS.

N'oubliez pas, seigneur, qu'ils condamneraient plus sévèrement sa faiblesse.

PACHECO.

Mon fils !

FAUSTUS.

Mon père, vous êtes le chef de la plus noble et de la plus riche famille de Murcie... vous seriez honteux d'avoir dissipé ses trésors... serez-vous moins avare de son honneur ?

PACHECO.

Allez, mon fils, je serai juste, je suis accoutumé à souffrir !

FAUSTUS, à part, en sortant.

Et je saurai la vérité, moi !

SCÈNE VII.

PACHECO, FRANCESCA.

PACHECO.

Eh bien ! nous sommes seuls !

FRANCESCA.

Oh ! seigneur, n'exigez pas...

PACHECO.

Parle, parle !... je le veux... Ils l'attendent, et Faustus va me demander de la traîner devant eux...

FRANCESCA.

Ne le faites pas, vous dis-je !

PACHECO.

Pourquoi ?

FRANCESCA.

Pourquoi !... (A part.) Stella, pardonne-moi !...

PACHECO.

Mais pourquoi ?

FRANCESCA.

Seigneur, je suis à votre merci... mais s'il vous est entré dans le cœur de pardonner à votre fille, il faut qu'elle reste innocente aux yeux de tous.

PACHECO.

Elle est donc coupable?... Ah ! tu le savais et tu ne m'as rien dit.. malheureuse !

FRANCESCA.

Hier, je l'ignorais encore.

PACHECO.

Hier !... Et maintenant tu le dis, parce que cet homme, pour te gagner, t'a juré qu'elle l'aimait, qu'elle l'attendait... parce que tu as été infâme, tu t'accuses, tu accuses Stella, ta fille... Oh ! misérable !... misérable !

FRANCESCA.

Seigneur, quand Stella m'a dit hier : Tu trouveras celui que j'aime à l'église de l'Annonciade...

PACHECO.

O mon Dieu !

FRANCESCA.

Quand elle m'a dit, enfin : Il faut que je le voie ou que je meure... le marquis de Villaflor ne m'avait pas encore demandé de lui ouvrir cette porte.

PACHECO.

Coupable... mon Dieu !... coupable !...

SCÈNE VIII.

PACHECO, DON CHRISTOVAL, DON LUIZ, FAUSTUS, LES SEIGNEURS.

FAUSTUS, entrant.

Oui, mon père, coupable... et après l'aveu de Francesca, il n'y a plus qu'à prononcer sur son sort. (A Francesca.) Allez, et qu'on la surveille.

(Francesca sort, emmenée par les gardes.)

PACHECO.

Oh ! tu écoutais !... Mais vous avez donc bien soif de la mort de cette enfant ?

CHRISTOVAL.

C'est aux âmes fortes que Dieu envoie les plus rudes épreuves, Pacheco, et celui qui veut être grand devant les hommes, doit les supporter avec courage.

PACHECO.

O mon Dieu ! elle est perdue !

CHRISTOVAL.

Tu sais à quelles conditions le nom des Pacheco est demeuré saint et respecté jusqu'à ce jour ?

PACHECO.

Je le sais, don Christoval ; je sais que chacun de ceux qui le portent a droit de prononcer sur le sort de celui qui a flétri l'honneur de ce nom : exercez votre droit ; je vous livre la coupable. Parle le premier, comte de Lorca... (A part.) La vieillesse est quelquefois indulgente... (Haut.) Parle !... on t'écoute.

(Il va s'asseoir. — Mouvement général.

CHRISTOVAL.

Je ne parlerai pas long-temps, Pacheco, et je n'irriterai pas ta douleur en cherchant à la consoler... je te dirai seulement qu'en 1208 une fille des nobles Guzman fut surprise avec son amant par son frère ; tous deux périrent de sa main, et le vieux Guzman d'Olivarez et toute la noblesse honora son fils pour cette action. Il n'y a pas un siècle, dans cette famille des Tellez, que je hais, que nous haïssons tous, mais qui est grande et fière... Laura Tellez oublia ses devoirs... Elle parut devant tous ses parents assemblés... et tous...

ACTE II, SCÈNE VIII.

PACHECO.
Tous, je le sais, demandèrent sa mort.

CHRISTOVAL.
Et son père la leur accorda, et c'est pour cela que les Tellez sont des ennemis dignes de nous. Te faut-il un exemple plus récent?.. faut-il te rappeler la mort de Savinia... celle de Paula?...

PACHECO.
Assez... n'achève pas : c'est la mort que tu demandes?...

CHRISTOVAL.
Je demande si la famille des Pacheco sera la seule qui accepte paisiblement un pareil affront?

TOUS.
Non, non, cela ne se peut pas!

CHRISTOVAL.
Je t'ai parlé comme je le devais... je ne m'irriterai pas si d'autres sont plus indulgens.

LUIZ.
Parle, Faustus ; ta sévérité nous est connue autant que ta générosité. Ce que le frère croira juste sera écouté par nous, par moi, du moins, comme un avis dicté par l'honneur.

FAUSTUS.
Ne me forcez pas à parler!

PACHECO.
C'est la mort, toujours la mort, n'est-ce pas?

FAUSTUS.
Mon père, je me tais... Qu'un autre dise ce que je n'ai pas osé dire.

LUIZ.
Eh bien! donc, je parlerai, moi!

PACHECO.
Ah! leur silence ne la condamne-t-elle pas assez?... Parle, cependant, don Luiz, c'est ton droit.

LUIZ.
Et c'est mon droit aussi de dire que si Guzman d'Olivarez eut raison de tuer sa sœur dans le premier transport de sa colère; que si le vieux Tellez sacrifia justement à l'honneur de sa famille cette impure Laura qui eût sali un nom déshonoré... ce sera une cruauté digne des bourreaux que d'envoyer de sang-froid à la mort une fille sans défense; que c'est une justice de tigre, que de punir du même châtiment celle qui fut pire qu'une courtisane, et celle qui pleure et se repent d'une faute... Je dis que celui qui oublie qu'en lavant une tache il ouvre une blessure ; qu'en punissant la fille il frappe le père..; je dis que celui-là se fait une vertu facile!

TOUS.
Il la défend!

PACHECO.
Laissez-le parler!

FAUSTUS.
Qu'oses-tu dire, don Luiz?

PACHECO.
Personne ne vous a interrompu, Faustus... Et tu disais, don Luiz?

LUIZ.
Je disais qu'à côté de ces exemples de rigueur qu'on a rapportés si sévèrement, il en est d'autres moins cruels; ainsi, plus d'une jeune fille a vu s'ouvrir pour elle les portes d'un couvent.

PACHECO.
C'est vrai!

LUIZ.
Ainsi, dans cette famille même à laquelle appartient le coupable... parmi ces Villaflor.

PACHECO.
Et les Villaflor sont d'une noble race.

LUIZ.
Si l'une d'elles a été punie d'une prison perpétuelle, une autre a vu sa faute effacée par son mariage... Et, d'ailleurs, est-il besoin d'exemples pour être humain, et les Pacheco en sont-ils là, qu'il leur faille retremper leur gloire dans le sang d'une femme?... Ose pardonner, père, et si tu excites les murmures de quelques cœurs farouches et cruels, mille cœurs de père à qui pèse la froide cruauté de ces mœurs sanglantes te béniront tout bas; mille jeunes mains t'applaudiront tout haut; tout ce qui aime, tout ce qui souffre, tout ce qui espère, te saluera à genoux. Pardonne, Pacheco, pardonne... le pardon est fils de Dieu; grâce pour Stella! grâce! grâce!

PACHECO, le prenant dans ses bras.
Luiz!... Luiz!... mon fils, noble cœur!... merci! merci!

LUIZ.
Mon père!
(Tous, excepté Faustus et don Christoval, lui serrent la main.)

PACHECO.
Et maintenant, que vous l'avez entendu... prononcez ; dites encore s'il faut la tuer.

CHRISTOVAL.
Ta joie nous impose le silence ; tu viens d'absoudre ta fille.

PACHECO.
Et toi, Faustus, veux-tu toujours la punir?

FAUSTUS.
Je ne vous avais pas encore vu pleurer, mon père... Je félicite mon cousin don Luiz de ce qu'il a mérité que vous le nommiez votre fils.

PACHECO.
Ce n'est pas bien, Faustus!

CHRISTOVAL.
Allons, Faustus, j'ai été plus sévère que toi, mais je sais faire taire mes ressentimens. Pour quel jour nous convies-tu à cet hymen, Pacheco?

PACHECO.
Dans une heure la chapelle sera prête; dans une heure la ville, qui connaît l'outrage, apprendra la réparation.

FAUSTUS.

Elle apprendra que celui qui couronne une jeunesse honteuse par un crime hardi... obtient ce que l'on refuse quelquefois à la vertu, au courage.

PACHECO.

Mon fils !

FAUSTUS.

Mon père !

PACHECO.

Ce serait à vous d'aller porter à celui qui va s'appeler du nom de votre frère la nouvelle d'un bonheur qu'il ne mérite peut-être pas ; mais je suis plus indulgent que vous ; je vous épargnerai cette mission pénible... Tu vas y aller, don Luiz.

FAUSTUS.

J'y serais allé si vous l'aviez voulu, mon père ; je n'ai pas encore appris à me jouer de mes devoirs. J'irai même, si vous le voulez, apprendre à Stella qu'elle a bien fait.

PACHECO.

Vous êtes cruel, Faustus... Dieu vous préserve d'un fils qui vous soit si sévère.

LUIZ.

Silence, Faustus! ce qui est décidé doit s'accomplir, et la joie de cet hymen effacera bientôt ces légers dissentimens.

CHRISTOVAL, bas à don Luiz.

Tu te trompes, don Luiz, le malheur est dans cette maison ; Dieu seul sait quelles victimes il choisira.

PACHECO.

Allez, amis, allez !... Qu'on appelle Francesca !

FAUSTUS.

En effet, c'est un jour d'universel pardon.

PACHECO.

Un instant de patience, amis ; bientôt je vous amènerai la fiancée, bientôt vous pourrez regagner vos maisons, et dire, si vous le voulez, que je n'ai pas eu le courage de tuer ma fille.

LUIZ.

Et nul ne vous blâmera.

PACHECO.

Vous sortez aussi, Faustus!

FAUSTUS.

Je vous laisse avec votre fille, mon père.

(Ils sortent, et pendant leur sortie Francesca revient.)

ooooooooooooooooooooooooooooooooooooooooooooooo

SCÈNE IX.

PACHECO, FRANCESCA, puis STELLA.

PACHECO.

Va la chercher, Francesca, va!...

FRANCESCA.

Oh ! soyez béni, seigneur ; j'y cours !

(Elle s'élance vers la porte de Stella.)

PACHECO, seul.

Oh ! ils ont tué mon bonheur... ils m'ont rendu le pardon, cette joie du cœur, amer et triste comme une faute... Oh ! Stella ! ton salut me coûtera-t-il la tendresse de mon fils !... Ô mon Dieu ! vous ramènerez ce cœur rigoureux ; vous lui avez donné toutes les vertus qui font les héros austères, vous lui apprendrez celles qui font les pères indulgens et les fils généreux... La voici... pâle et mourante... épouvantée... Oh ! j'ai bien fait, mon Dieu... j'ai bien fait... Stella !...

FRANCESCA, à Stella, qui n'ose approcher.

Viens, viens... ne crains rien.

PACHECO.

Tu ne lui as donc pas dit qu'elle était pardonnée ?

STELLA, courant à lui et tombant à ses genoux.

Mon père !... mon père !

PACHECO.

Ma fille !... mon enfant !

STELLA.

Mon père, vous êtes bon et saint !... Mon père... maintenant que vous m'avez pardonné... je mourrai si vous voulez, car j'ai mérité la mort.

PACHECO.

Tais-toi, enfant, tais-toi... ne prononce pas ce mot... Ils l'ont fait bien long-temps planer sur ta tête... Personne ne parlait de pardon.

STELLA.

Vous seul, mon père, vous avez défendu votre fille coupable.

PACHECO.

Non, Stella... non... il y a parmi nos parens un enfant, un homme, à qui tu dois ce pardon qui me débordait le cœur, et que je n'osais laisser paraître... Tu remercieras don Luiz, et si jamais un malheur pesait sur lui, n'oublie pas que tu as une dette à lui payer.

STELLA.

Don Luiz a été généreux comme il l'est toujours... Et mon frère ?...

PACHECO.

Ton frère, Stella ! Dieu sait s'il me pardonnera de l'avoir pardonné.

STELLA.

Vivrais-je donc avec sa haine!

PACHECO.

Stella !... Stella !... la faute pèse toujours de quelque côté sur la tête du coupable. Je ne veux pas te la reprocher encore, mais écoute-moi : ta vie et ton honneur sont sauvés, mais ton avenir sera dur et pénible.

STELLA.

Votre bonté m'en adoucira l'amertume.

PACHECO.

Et s'il arrive que le malheur te vienne, enfant, tu l'accueilleras avec résignation.

STELLA.

Pourquoi ces sinistres pressentimens, mon père ?

PACHECO.

C'est que les hommes sont ainsi faits, que celui qui n'a pas respecté la jeune fille sous le toit de son père, ne respectera peut-être pas son épouse sous le toit où il va la conduire.

STELLA.

Oh! je connais son cœur.

PACHECO.

C'est qu'il se peut qu'un jour il doute d'une vertu dont il a appris la fragilité, et qu'il la punisse des soupçons les plus outrageans.

STELLA.

Mon père!... mon père!...

PACHECO.

Je suis sévère, n'est-ce pas... Mais c'est que j'aurais voulu te voir faire un autre choix!.., Sans doute, Villaflor est d'un nom illustre!...

STELLA, relevant la tête.

Villaflor!

PACHECO.

Sans doute, il est brave et fier, et sa renommée n'a point d'égale... Mais quand je songe aux égaremens de sa jeunesse...

STELLA, se tournant doucement vers Francesca.

Que dit-il...! mon Dieu!... Il me fait peur.

PACHECO.

Je tremble, Stella, fasse Dieu que ton amour le ramène aux devoirs que jusqu'à ce jour il a foulés aux pieds.

STELLA, avec effroi.

Mais que dit-il donc, Francesca?

PACHECO.

Allons, voilà que je l'épouvante... Eh! bien, espère qu'il t'aimera comme tu le mérites... Oui, oui, Villaflor oubliera ses folies.

STELLA, à Francesca, et en se levant.

Encore!... Francesca... pourquoi me parle-t-il de Villaflor?

FRANCESCA.

Mais, Stella..

PACHECO.

Mais qu'as-tu donc, Stella? (A Francesca.) Que te dit-elle?

STELLA.

Mon père, mon père, vous m'avez pardonné, n'est-ce pas?

PACHECO.

Mais je viens de te le dire, enfant.

STELLA.

Il deviendra mon époux, n'est-il pas vrai?

PACHECO.

La chapelle s'apprête, et nos amis t'attendent.

STELLA.

Et celui qui doit être mon époux, c'est...

PACHECO.

Mais pourquoi me regarder ainsi avec des yeux égarés? pourquoi es-tu tremblante et pâle?

STELLA.

Celui qui doit être mon époux, c'est...

PACHECO.

Je te l'ai déjà dit : Villaflor!

STELLA, à part, se reculant.

Horreur! Mais pourquoi donc toujours ce nom maudit, mais qu'a-t-il donc?

PACHECO.

O misère! a-t-elle donc perdu la raison!

STELLA.

Mon père, écoutez-moi!

PACHECO.

Écoute-moi... écoute moi... ma fille!

STELLA.

Mon père, mon bon père, vous savez bien que ce n'est pas Villaflor que j'aime...

PACHECO.

Allons, enfant, calme-toi.

STELLA.

Vous le savez bien, puisque Francesca vous a tout dit.

PACHECO.

Oui, elle m'a dit comment hier tu lui as avoué ton amour...

STELLA, à Francesca.

Tu le lui as dit?

FRANCESCA.

Sans doute!

PACHECO.

Comment tu lui as remis cette clé perdue...

STELLA.

Tu le lui as dit?

FRANCESCA, à Francesca.

Oui!

STELLA.

O merci, mon Dieu, il sait tout!

PACHECO.

Oui, je sais tout... Et elle m'a avoué comment elle a introduit ici...

STELLA.

Mais non, mon père... elle n'a pu trouver Silvio au rendez-vous!

PACHECO.

Silvio!

STELLA.

Et c'est moi qui l'ai introduit ici.

PACHECO.

Silvio Tellez?

STELLA.

Et il m'a appris, ce que vous savez déjà sans doute, que le roi veut cet hymen, qu'il est le gage de votre réconciliation avec les Tellez.

PACHECO.

Avec les Tellez!... (Il se cache la tête dans ses mains. A Francesca.) Francesca, va chercher Faustus, appelle le comte de Lorta, don Luiz... Je ne l'entends plus, je ne la comprends plus... Appelle Villaflor, peut-être sa vue la ramènera-t-elle à la raison.

STELLA.

Mais pourquoi toujours Villaflor?

FRANCESCA.

Parce que c'est lui que j'ai introduit ici... parce que c'est lui qui a passé la nuit dans cette chambre.

STELLA.

Lui !

PACHECO.

Parce que c'est lui qui t'aime, lui qui t'attend à la chapelle, lui qui va être ton époux, parce que je le veux !

STELLA.

Mais Silvio me tuera.

PACHECO.

Mais pourquoi toujours Silvio ?

STELLA.

Parce que c'est lui que j'attendais, parce que c'est lui que j'ai introduit moi-même, parce que c'est lui qui était dans ma chambre, parce que je ne puis avoir d'autre époux que celui qui est mon amant. *(Elle tombe à genoux.)*

PACHECO.

Silvio Tellez !

FRANCESCA.

Ne l'écoutez pas, seigneur, elle est folle !

PACHECO.

Oh ! non... non... elle n'est pas folle... Je me rappelle, on l'a vu hier dans la ville... et tu as frémi à son nom... Don Fernand disait vrai... « Allez annoncer ma mort à Stella, et elle restera calme. » Il disait vrai... Seulement, toi, Francesca...

FRANCESCA.

Funeste erreur !

PACHECO.

Oh ! qu'importe à une fille perdue, un amant ou un autre !...

STELLA, *toujours à genoux.*

Mon père !

PACHECO.

Reste à genoux, c'est la place de ceux qui vont mourir.

STELLA.

Mourir !... mais vous m'aviez pardonné.

PACHECO.

J'ai été bien lâche, n'est-ce pas ?... Et de quel air vont-ils m'écouter, eux tous qui m'attendent : Lorca, qui a demandé ta mort ; Faustus, qui me faisait un crime de ma faiblesse, et don Luiz, l'insensé qui t'a défendue et que j'ai béni ; et jusqu'à ce don Fernand qui a cru te déshonorer... et que je ne peux pas tuer, car tu n'en vaux pas la peine ?...

(En prononçant ces dernières paroles, il la relève avec mépris et la pousse dans les bras de Francesca.)

STELLA.

Mon père, la mort !... la mort plutôt que ces affreuses paroles.

(Elle chancelle, et Francesca la soutient et l'entraîne jusque sur le fauteuil.)

PACHECO.

La mort ! mais ce n'est rien de mourir... mais crois-tu que je n'aimerais pas mieux mourir que d'aller leur dire à tous : Non, ce n'est pas don Fernand, ce n'est pas seulement le débauché qui vous faisait monter le rouge au front, ce n'est pas l'amant des plus viles courtisanes à qui ma fille a donné son amour, son honneur, sa vie... c'est votre ennemi, celui qui, à chaque Pacheco qui meurt, se réjouit et chante victoire, celui qui a cherché, l'épée en main, l'heure où il pourrait égorger le frère où le père de celle qui brûle d'amour dans ses bras... celui qui fait gloire de nous mépriser, et qui, ne pouvant plus nous jeter la mort, nous a craché le déshonneur au visage... c'est Silvio Tellez... c'est l'amant de Stella Pacheco... vous convient-il d'assister à cet hymen !

STELLA.

La mort !... la mort !...

PACHECO.

Oh ! tu mourras...Vous mourrez tous les deux... mais ce n'est pas assez..... ce n'est pas assez....., il faudrait des supplices affreux... Mourir !... mais dis-moi donc que ce n'est pas Tellez qui est ton amant... et je mourrai, moi... si tu crois que mourir soit un si superbe effort.

STELLA, *se levant avec peine du fauteuil où elle est étendue.*

Mourir ! vous voulez mourir... Oh ! la honte de mon crime vous fait donc bien peur ?

PACHECO.

Oui, la mort, la mort, plutôt que la honte d'un pareil aveu !

STELLA, *allant à Pacheco.*

Eh bien ! mon père, je vous sauverai la honte, et je garderai le supplice.

PACHECO.

Et quel supplice te punira assez ?

STELLA.

La vie, mon père !

PACHECO.

La vie !

STELLA.

Oui, la vie... enchaînée à celui que je déteste et que je méprise, la vie liée éternellement à celui qui a voulu me perdre.

PACHECO.

A Villaflor ? mais ce serait le tromper !

STELLA.

Eh mais, quand il a voulu me perdre, il ne me savait pas perdue.

PACHECO.

Oh ! tu as raison, et ce sera pour tous deux le châtiment que vous méritez... C'est affreux !... c'est affreux !... mais tu ne le feras pas ?

STELLA.

Je le ferai, et vous ne rougirez pas une seconde fois devant votre fils, qui vous blâme, devant le sévère don Christoval... devant le généreux don Luiz.

PACHECO.
Non... non... tu veux me tromper... tu veux vivre pour fuir, pour m'échapper.

STELLA.
Vous m'avez dit que l'autel était prêt.

PACHECO.
Il t'attend !

STELLA.
Je suis prête aussi, venez !

PACHECO.
Eh bien ! soit ! (Allant au fond.) Holà ! quelqu'un !

STELLA, bas à Francesca.
Et toi, tu iras dire demain à Silvio pourquoi je suis morte avec le titre de marquise de Villaflor.

FRANCESCA.
O malheureuse !

PACHECO, au fond, à l'écuyer qui vient d'entrer.
Appelez nos parens, et dites à mon fils de s'armer.

STELLA, à Pacheco.
Irai-je à ce malheur avec votre malédiction ?

PACHECO.
J'ai le cœur vide de pitié, Stella ; je n'ai plus de fille.

STELLA, à part.
Il ne sait pas dire si vrai !

SCÈNE X.

FRANCESCA, STELLA, PACHECO, FAUSTUS, DON CHRISTOVAL, DON LUIZ, DON FERNAND, SEIGNEURS, SERVITEURS.

PACHECO.
Vous pouvez entrer, seigneurs... le prêtre attend, et voici la fiancée.

FERNAND.
Je n'osais pas en croire don Luiz.

PACHECO.
Marquis de Villaflor... allons, prends sa main...

STELLA, à part.
Encore un moment de force, mon Dieu, et je serai libre de mourir...

FERNAND, à part.
Le diable a joué pour moi, c'est sûr.

(Il s'approche avec respect de Stella, et lui prend la main.)

STELLA, à part.
Le poison est là.

PACHECO, aux seigneurs.
Suivez-les, seigneurs !

CHRISTOVAL, à Pacheco.
Tu ne viens pas ?

PACHECO.
Tout à l'heure... Quand le prêtre les aura bénis, le père leur dira ses dernières paroles... (Tous les seigneurs suivent les fiancés qui entrent dans la chapelle. Faustus arrive tout armé.) Ah ! te voilà, Faustus...

FAUSTUS.
Armé, mon père, et prêt à punir celui que vous me désignerez, quel qu'il soit.

PACHECO.
Écoute donc... Les ordres du roi défendent bien aux Tellez d'entrer dans Murcie, mais ils n'interdisent pas aux Pacheco d'aller à Cordoue, où ils sont maintenant.

FAUSTUS.
Oh ! merci, mon père, le châtiment absoudra votre pardon ; on comprendra que celui qui se venge sans pitié peut pardonner sans faiblesse.

PACHECO.
Tu chercheras parmi ces Tellez...

FAUSTUS.
Le plus brave, n'est-ce pas ?

PACHECO.
Le plus brave ou le plus lâche... n'importe ! Tu chercheras Silvio Tellez...

FRANCESCA, de la porte de la chapelle.
Seigneur, la cérémonie s'achève ; ne viendrez-vous pas ?

PACHECO, à Francesca.
Tout à l'heure, quand ils se seront juré leur dernier serment... (A Faustus.) Faustus, il faut que ce Tellez meure, il le faut !

FAUSTUS.
Pourquoi lui, plutôt qu'un autre ?

FRANCESCA, revenant encore.
Seigneur !

PACHECO, à Faustus.
Attends, je te le dirai !

FRANCESCA.
La cérémonie est achevée... et les voilà qui reviennent.

(Tous les seigneurs et leur suite rentrent en scène ; mais, au moment où Villaflor et Stella arrivent sur le seuil de la porte, Pacheco s'élance à leur rencontre.)

PACHECO, courant au fond.
Marquis de Villaflor... la porte qui est en face de l'autel ouvre sur la rue de Tolède, emmène dans ton palais l'épouse que tu as voulue.

STELLA.
Mon père !

PACHECO.
Arrière ! vous ne passerez plus jamais le seuil de cette maison. (Stella tombe évanouie ; il ferme la porte, et s'élançant vers Faustus.) Et maintenant, Faustus, il faut que Silvio meure... parce que c'est lui qui était l'amant de Stella !

ACTE TROISIÈME.

Le théâtre représente un salon richement décoré, ouvert, au fond, par une large baie de plain pied sur des jardins qu'entourent des remparts.—Des portières seules ferment cette ouverture.—A droite du spectateur, il y a une porte; et, à gauche, une fenêtre ouvrant sur la campagne. A droite, dans le salon, un fauteuil; à gauche, un lit de repos.

SCÈNE I.

LÉLIO, DON FERNAND, debout, en face de la porte de droite.

LÉLIO, *entrant par le fond.*
Ah! me voici, seigneur!

FERNAND.
Eh bien! Lélio, quelle réponse m'apportes-tu?

LÉLIO.
Monseigneur, vous faites des miracles. J'ai remis votre lettre aux Tellez, ils viendront à la fête que vous leur offrez dans ce château.

FERNAND.
Je ne vois pas grand miracle à cela. S'il y a beaucoup de jeunes têtes amoureuses du bal et de la musique parmi les Tellez, il y a aussi des hommes occupés de sévères pensées.

LÉLIO.
De quel air sérieux vous dites cela, seigneur!...

FERNAND, *s'asseyant sur le fauteuil.*
C'est que le temps est venu d'être grave. La guerre est maintenant certaine, et si la division continue à régner parmi les habitants de Murcie, le kalif Abd-el-Rhaman, comme il nous l'a promis, aura bientôt fait passer la charrue sur les murs de notre ville, et semé le sel sur les ruines de nos palais. Les Tellez sont braves, puissants, riches en trésors et en cliens, leur absence eût été une calamité; mais enfin, ils viendront.

LÉLIO.
Et je dis que vous avez fait des miracles, monseigneur, car Silvio Tellez, qui m'a répondu au nom des siens, m'a dit : Nous irons à la fête de ton maître, dussions-nous y trouver tous les Pacheco réunis.

FERNAND.
C'est une sotte bravade de ce cerveau brûlé de Silvio ; il doit savoir pourquoi je donne cette fête dans ce château, situé hors des murs de la ville. Les Pacheco ont été plus nobles et plus fiers, ils ont promis de venir sans daigner s'occuper si les Tellez y seraient.

LÉLIO.
Après ce qui s'est passé, les Pacheco chez vous! J'avais bien raison de dire que vous faisiez des miracles.

FERNAND.
C'est le roi qui a fait celui-là... ou plutôt, crois-moi, Lélio, c'est quelque chose de plus puissant que les sages avis que j'ai pu donner aux Tellez, c'est quelque chose de plus puissant que les ordres d'un roi... c'est cet amour qui vous fait une gloire de tout ce qui, hors de lui, vous serait imputé à crime et à déshonneur ; c'est cet amour qui, dans le cœur des hommes les plus malheureux, survit à toutes les affections perdues ; qui, dans les âmes les plus perverties, reste pur et entier à côté de toutes les vertus détruites... c'est l'amour de la patrie, Lélio, cet amour qui brûle de la même ardeur le jeune homme et le vieillard, cet amour dont l'excès n'est jamais coupable, et pour lequel il est permis d'oublier ses affections et ses haines, pour lequel il est beau d'être insensible aux larmes de sa mère et aux outrages de ses ennemis ; voilà, Lélio, ce qui fait que les Tellez et les Pacheco viendront aujourd'hui dans le château de Villaflor.

LÉLIO.
Oh! seigneur, que vous êtes noble et bon quand vous parlez ainsi, et qu'elle serait fière si elle vous entendait.

FERNAND, *se levant.*
Tais-toi, Lélio! tais-toi!... Pour la première fois depuis huit jours... elle dort!

LÉLIO.
Et pendant ces deux jours que j'ai passés hors de ce palais, poursuivant ce Silvio que je croyais à Cordoue, et qui était à Carthagène, que j'ai cherché à Carthagène, et qui déjà était reparti pour Grenade, et que j'ai enfin trouvé sur la route de Murcie, depuis ces deux jours, n'est-il rien arrivé qui vous donne un espoir?

FERNAND.
Rien... Depuis le moment où elle tomba évanouie au pied de l'autel, écrasée sous le poids de la malédiction de son père; depuis ce moment où, comme une bête fauve, j'emportai dans mes bras, à travers la ville et les cris des habitans, cette proie qu'on me jetait parce que je l'avais salie ; depuis cette heure où je l'ai déposée là... mourante, pâle, glacée... pas un mot n'est sorti de sa bouche... pas un regard n'est venu m'avertir qu'elle me comprenait,

ACTE III, SCÈNE II.

LÉLIO.

Sa raison a succombé peut-être sous le coup qui l'a frappée.

FERNAND.

Oh! non, Lélio, elle n'est pas folle, car elle veut mourir... Les femmes qui veillent nuit et jour près d'elle ne lui ont-elles pas arraché un poignard oublié à sa portée? ne repousse-t-elle pas les alimens qu'on lui présente? n'a-t-elle pas voulu se traîner jusqu'à cette fenêtre qui domine l'abîme de la Segura? Oh! non, elle n'est pas folle... elle se tue!

LÉLIO.

Que dites-vous?

FERNAND.

Oh! crois-moi, Lélio, je voudrais avoir épousé la Cornelia, je voudrais avoir jeté mon blason si bas, que les plus vils de la populace se crussent permis d'y essuyer la boue de leurs pieds.. je voudrais être chassé, marqué du sceau de l'infamie... j'aurais de la force contre mon malheur et contre mes crimes. Mais voir mourir cette enfant à mes côtés sans une plainte, sans un cri, sans une larme, sans même une parole... poursuivant avec une implacable obstination cette mort muette que son œil ardent et fixe semble toujours voir devant elle... c'est affreux, Lélio, c'est affreux!

(Il s'assied sur le lit de repos.)

LÉLIO.

Oh! ne parlez pas ainsi, monseigneur; vous brisez le cœur de votre fidèle Lélio; sans doute, votre crime a été grand, monseigneur, mais un si cruel désespoir, une si funeste résolution, dépassent toute croyance... Non, seigneur, ce n'est pas ce mariage qui l'a ainsi frappée au cœur, car elle y a marché calme et forte.

FERNAND.

Tais-toi, Lélio, tais-toi!... Il y a, il doit y avoir dans cette douleur un mystère que je frémis d'apprendre, et que je n'apprendrai peut-être que par les larmes qui viendront couler sur sa tombe... Oh! Lélio... Lélio, si le crime est grand, le châtiment est terrible.

LÉLIO.

Monseigneur, c'est la malédiction de son père qui l'a jetée mourante au pied de l'autel... son pardon peut la sauver... Sait-elle que son père vient aujourd'hui dans votre maison? Son visage est-il resté insensible à l'annonce de cette nouvelle?

FERNAND.

Je n'ai pas encore osé le lui dire, car c'est ma dernière espérance! D'ailleurs, si les Tellez n'étaient pas venus, les Pacheco n'eussent pas dépassé le seuil de ma porte, car ce n'est pas chez le gendre de leur chef... ce n'est pas chez leur parent qu'ils viennent aujourd'hui, c'est chez le marquis de Villaflor, chez celui à qui quelques exploits heureux ont fait confier le commandement suprême de tous les combattans de cette ville. Va donc apporter aux Pacheco la nouvelle que les Tellez seront ici dans quelques heures... Va; quant à moi, j'informerai Stella de cette réunion étrange. Oh! il est impossible que la pensée d'être près de son père ne l'arrache pas à cet effrayant silence.

LÉLIO.

Désirez-vous que je sache si elle repose encore?

FERNAND, se levant.

Non, Lélio; le sommeil des malheureux est sacré... D'ailleurs, elle viendra d'elle-même dans cette salle, dont la vue s'étend au loin dans la campagne. (Il va vers la fenêtre.) C'est seulement à son aspect que son regard perd cette sombre fixité qui m'épouvante... Peut-être y cherche-t-elle quelque chose, ou quelqu'un. (Il ferme la fenêtre avec violence.) Pourquoi est-ce une lâcheté de mourir... quand le danger est près!

LÉLIO, à part.

Hélas! comme il souffre! Je voudrais respecter sa douleur, mais...

FERNAND.

Laisse-moi!

LÉLIO.

Oui, monseigneur; mais, avant de vous quitter, il faut cependant que je vous remette ce billet.

FERNAND.

Ce billet?

LÉLIO.

J'ai hésité long-temps à m'en charger, monseigneur, et j'hésitais encore à vous le remettre, car j'ai reconnu, dans celui qui l'a apporté, le messager discret de Cornelia... et je n'ai pas oublié que ce souvenir...

FERNAND.

C'est bien; Dieu lui-même ne peut pas anéantir le passé... Ne l'oublie pas, enfant, et n'en prépare pas un à ton avenir qui te fasse regretter d'avoir vécu.

LÉLIO, pendant que Fernand regarde le billet.

Je vais donc me rendre chez don Henrique Pacheco.

FERNAND, avec fureur.

Insolent!

LÉLIO.

Qu'est-ce donc?

FERNAND.

Rien!... Laisse-moi!

LÉLIO.

Comme il est pâle! (Il sort.)

∞∞∞∞∞∞∞∞∞∞∞∞∞∞∞∞∞∞∞∞∞∞∞∞∞∞∞∞∞∞∞∞

SCÈNE II.

DON FERNAND, seul, lisant.

« Vaillant don Fernand, nous avons fait un » singulier pari... J'ai perdu, et tu as perdu aussi;

» tu as épousé Stella, et tu es cependant le mari
» de la fille déshonorée... » (S'arrêtant.) Infamie!...
(Lisant.) « Le chanteur que tu m'as donné vient
» de faire sur ce sujet une romance plus délicieuse
» encore que toutes celles qui l'ont précédée...
» Peut-être l'entendras-tu raconter plus tôt que
» tu ne voudras... Ce sera ma revanche.
» La courtisane qui ne t'a point menti,
» CORNELIA. »

Oh! misère et exécration!... La crainte de ce malheur a vingt fois passé sur mon cœur comme un poignard aigu et glacé... Oh! si c'était vrai!... si Stella pleurait un amant perdu!... Oh! cette lettre m'a percé le cœur comme si la main de Cornelia eût poussé le fer dans ma poitrine... Mais non, je suis fou; je cherche pour m'excuser une cause au désespoir qui ne vient que de moi... (La porte de droite s'ouvre.) La voici!... Oh! faites, mon Dieu, que le nom de son père ne soit pas pour elle comme un son vide, comme une parole qui tombe dans une oreille morte et dans un cœur éteint!

SCÈNE III.

Don FERNAND, STELLA, Femmes.

(Stella entre par la porte de droite, soutenue par deux femmes. A l'aspect de Fernand, elle relève lentement la tête, le regarde d'un œil impassible, puis baisse le front et se traîne, toujours appuyée sur ses femmes, jusqu'au lit de repos, où elle s'assoit, les mains sur ses genoux, le regard fixé devant elle; elle est pâle; ses yeux sont rouges et cernés; elle se tient immobile.)

FERNAND, pendant qu'elle passe.

O mon Dieu! tant de jeunesse, tant de beauté, dévorées en si peu de jours!... Etes-vous donc plus puissant pour le mal que pour le bien, Seigneur? et possédez-vous des trésors de joie qui puissent réparer les ravages de la douleur aussi vite que la douleur les a faits?... (Lorsqu'elle est assise.) Ne ressemble-t-elle pas ainsi à ces statues funèbres, saintes images de ceux qui sont morts, assises sur la tombe qui les enferment! O Stella! malheureuse Stella!... (Aux femmes.) Sortez! (Il s'approche de Stella.) Stella, il va se passer une chose étrange dans cette maison, et il faut que je vous l'explique, pour que vous n'ajoutiez pas une accusation de plus contre moi à celles qui déjà sont dans votre cœur... (Stella, toujours assise, les mains sur ses genoux, lève les yeux au ciel et reste insensible à ce que lui dit Fernand.) Vous m'entendez, n'est-ce pas, Stella? (Silence. — A lui-même.) Toujours ce regard perdu au ciel quand il n'est pas fixé sur la terre!... (Haut.) Stella, peut-être aujourd'hui le bruit d'une fête arrivera-t-il jusqu'à vous. Malgré mon crime, je ne suis ni assez lâche, ni assez insensé pour vouloir vous insulter, ou pour prétendre vous consoler par une fête!... Quelle que soit l'apparence de frivolité qui préside à cette journée, le but en est grave et digne. Il est de ceux qu'une âme comme la vôtre doit comprendre, alors même qu'elle ne veut plus s'y associer... (Silence.) Vous ne m'entendez pas, Stella?... Et alors même que vous m'écouteriez, peut-être refuseriez-vous de me croire... (Lentement.) Mais en apprenant le nom de ceux qui doivent y assister, en apprenant quelles haines fatales et terribles ont fait taire ceux qui vont entrer dans cette maison... vous penserez que j'ai accompli un digne devoir en l'ouvrant aux plaisirs qui serviront de voile à une réconciliation que j'espère durable. (Stella baisse la tête. Don Fernand l'examine, et reprend à voix basse.) Dans quelques momens, Stella, le vertueux Pacheco... (Stella le regarde.) votre père... (Elle relève la tête.) votre père sera ici!... (Stella se soulève et laisse échapper un cri qu'elle étouffe aussitôt, en pressant ses mains sur sa bouche. Don Fernand se levant avec transport.) Oh! je savais qu'elle n'était pas folle!... (Il revient à elle.) Stella! Stella!... (Stella baisse lentement la tête et reprend sa première position. Don Fernand, avec ardeur.) Stella! écoutez! oh! écoutez-moi!... Je ne veux point vous mentir; votre père ne vient point ici avec le pardon dans le cœur pour vous qui êtes innocente, ni pour moi qui suis coupable. Mais les hautes et généreuses pensées sont sœurs l'une de l'autre. Quand le cœur s'ouvre pour laisser sortir un pardon, il peut bien s'en échapper deux... Aujourd'hui, Stella, votre père, écoutant la voix de la patrie, qui a besoin de tous ses enfans, votre père vient dans la maison de celui qu'il déteste à juste titre, se réconcilier avec ceux qu'il déteste d'une haine d'autant plus invincible, que jusqu'à ce jour elle a été sourde et aveugle. Aujourd'hui, Pacheco, oubliant des ressentimens séculaires, des vengeances jurées pour toujours, Pacheco vient tendre la main aux Tellez.

STELLA, se dressant tout à coup et reculant.

Aux Tellez?

FERNAND, se reculant.

Aux Tellez!

STELLA.

Aux Tellez! c'est impossible!

FERNAND.

Qui vont venir aussi tout à l'heure!

STELLA.

Tous?

FERNAND.

Tous!

(Stella retombe sur son lit, la tête dans ses mains et en éclatant en larmes.)

STELLA.

Et mon père consent à les voir ici, où je suis?

FERNAND.

Oui, Stella, et lorsque votre père trouve dans l'amour de son pays assez de force pour vaincre de pareils ressentimens, pensez-vous qu'il n'y aura pas en son cœur une voix qui lui criera : Pitié pour ta fille innocente !... Car vous êtes innocente, n'est-ce pas, Stella?

STELLA, avec désespoir.

O mon Dieu! mourir... ne pouvoir mourir!

FERNAND, à part.

Elle veut toujours mourir !... et c'est au nom de Tellez qu'elle a parlé!

SCÈNE IV.

STELLA, DON FERNAND, LÉLIO.

LÉLIO, entrant.

Seigneur, don Henrique Pacheco et ses amis entrent dans le château ? Vous convient-il de les recevoir ici ?

FERNAND.

Ici ? (Stella fait un geste qui veut dire ici.) Ici?... le voulez-vous, Stella?... Et vous ne quitterez pas ce lieu ?... (Elle fait signe que non.) Et vous verrez votre père ?... (Stella fait un signe affirmatif. — A Lélio, avec transport.) Va les chercher Lélio, qu'ils viennent... qu'ils viennent !... (A Stella, avec enthousiasme.) Et maintenant, Stella, quoi que vous ayez dans le cœur, confiez-le à votre père... Ce que vous voulez, demandez-le lui... et fallût-il pour vous le donner subir les tortures de l'exil, vivre dans la misère... fallût-il épouvanter le monde d'un crime, où l'étonner de je ne sais quelle sublime action, vous l'aurez, Stella, vous l'aurez!

(Stella reste immobile. On voit seulement qu'elle écoute le bruit des pas qui approchent. Elle écoute toujours immobile, jusqu'au moment où on annonce son père. Alors, elle se penche dès qu'il parle ; elle semble écouter sa voix avec avidité.)

SCÈNE V.

DON FERNAND, STELLA, DON CHRISTOVAL, DON DUIZ, PACHECO, LÉLIO, SEIGNEURS.

(Les rideaux du fond s'ouvrent.)

LÉLIO.

Monseigneur, je vous annonce la bien-venue des nobles cavaliers, messires don Christoval, don Fabiano, don Luiz Pacheco, comte de Valverde, de monseigneur don Henrique Pacheco, comte de Tavora, grand-maître de Calatrava, et...

PACHECO, entrant, et s'arrêtant au fond.

Assez, jeune homme ; le marquis de Villaflor connaît la famille des Pacheco et les titres de tous ceux qui lui appartiennent.

FERNAND, allant au devant de Pacheco.

Salut et respect à vous, seigneur ; je suis fier de vous voir dans ma maison, à quelque titre que vous y soyez entré. Je remercie tous ceux qui ont suivi le noble exemple que vous leur avez donné... Permettez-moi seulement de regretter l'absence de votre fils.

PACHECO.

Mes ordres ramèneront bientôt Faustus à Murcie ; Faustus est un fils obéissant, et il ne manquera pas à cette entrevue.

FERNAND.

Entrez donc, seigneurs, et grâces vous soient rendues d'être arrivés les premiers au rendez-vous de paix et de pardon ; cela sied bien à ceux qui sont aussi toujours les premiers au rendez-vous de guerre.

(Pacheco avance, don Christoval et don Luiz le suivent ; Pacheco s'arrête tout à coup en apercevant Stella.)

PACHECO.

Une femme !... une femme !... Marquis de Villaflor ! je ne suis venu chercher ici que des hommes... Adieu !

STELLA, à part, avec désespoir.

Il s'en va !

FERNAND, se mettant entre Pacheco et la porte par où il va sortir.

Pacheco, vous qui avez vu tant de champs de bataille ruisselant de carnage et semés de cadavres, avez-vous peur de regarder une femme qui se meurt ? (Stella se retourne, toujours assise.)

TOUS, à son aspect, excepté Pacheco.

Grand Dieu !

LUIZ, courant à elle.

Miséricorde du ciel ! Stella !... (A Pacheco.) Oh ! regardez-la, seigneur !

STELLA, assise sur le lit.

Mon père !

PACHECO, sans se détourner et faisant un pas pour sortir.

Assez !

CHRISTOVAL, l'arrêtant.

Regarde-la, Pacheco !

PACHECO.

Eh bien ! soit ! (Il s'avance.) Que voulez-vous de moi, marquise de Villaflor ?

STELLA, tombant de son lit sur ses genoux.

Vous voir, mon père !

PACHECO, la regardant et reculant.

Oh ! malheur !... malheur !

STELLA, se traînant vers lui.

Mon père !... mon père !...

PACHECO, reculant.

Villaflor, est-ce que c'est là ma fille?

FERNAND.

Voilà ce que mon crime et ta malédiction l'ont faite!

PACHECO, à part.

Malheureux!... Oh! mieux eût valu la tuer! (Il tombe assis sur un siége, de l'autre côté du théâtre.)

LUIZ, bas.

Oh! venez don Fernand, venez, seigneurs... laissons ensemble ces deux cœurs qui souffrent; le repentir d'une fille et la douleur d'un père ont une pudeur qu'il faut savoir respecter.

FERNAND.

Merci, don Luiz; il y a long-temps que je sais que tu es bon et généreux.

(Ils sortent; les portières se referment.)

SCÈNE VI.

STELLA, PACHECO.

(Stella est restée à genoux près de son lit de repos. Pacheco est assis de l'autre côté de la scène.)

PACHECO, assis.

Non, non... je l'ai juré... point de pardon pour elle... (Il se lève et regarde autour de lui.) Ils m'ont laissé seul, ils ont eu peur de rougir de ma faiblesse. Allons!... (Il va pour sortir.)

STELLA.

Qui donc aura pitié de moi, mon Dieu?

PACHECO.

Marquise de Villaflor, ce n'est pas à genoux que vous devez recevoir les hôtes qui viennent dans votre maison... Relevez-vous, madame.

STELLA, avec effort et retombant sur elle-même.

Mais je ne peux pas!

PACHECO.

O mon Dieu!

STELLA.

Vous tendriez la main au mendiant tombé sur le bord de la route... Votre main, mon père... votre main!

PACHECO, lui tendant la main.

Elle est bien faible aussi; maintenant, elle fléchirait sous le poids d'une épée.

STELLA.

Elle sera assez forte pour relever votre enfant. (Elle la prend et la couvre de baisers.) C'est la main qui m'a maudite... (Elle se lève en se pendant au bras de son père.) C'est celle qui m'a bénie aussi quelquefois!

(Elle passe ses bras autour du bras de son père.)

PACHECO, sans la regarder.

Où voulez-vous que je vous conduise?

STELLA, montrant le lit.

Là!

PACHECO, après l'avoir déposée sur le lit.

Que voulez-vous encore?

STELLA, d'une voix éteinte.

Un poignard, un couteau,... quelque chose qui tue vite.

PACHECO.

En es-tu donc là, malheureuse!

STELLA.

Mais vous ne me voyez donc pas?

PACHECO, essuyant ses larmes.

Non, je pleure!

STELLA.

Je ne pleure plus, moi... j'ai le cœur et les yeux vides, mon père... il faut que je meure...

PACHECO.

Et tu viens me demander un poignard?

STELLA.

Et comment voulez-vous que je fasse dans cette maison, si vous ne me venez en aide?

PACHECO.

Moi, te venir en aide, pour mourir!

STELLA.

Il faut tout vous dire, mon père; quand je vous ai demandé de devenir marquise de Villaflor pour vous sauver de la honte de ma véritable faute... quand je vous ai dit que je vivrais ainsi... je vous ai trompé, je voulais mourir, le poison était prêt... mais vous m'avez fermé votre maison, et l'on m'a apportée ici...

PACHECO.

Et tu as renoncé à cette funeste résolution.

STELLA.

Près du lit où l'on me déposa évanouie, on avait oublié un poignard.. Quand je repris mes sens, je m'en emparai... on me l'arracha!... Quelques heures après, je pus me lever... je vis cette fenêtre qui plane sur un abîme... j'y courus... on m'arrêta.

PACHECO.

Oh! merci à qui t'a sauvée!

STELLA.

Depuis ce moment, des femmes veillent nuit et jour à mes côtés... que faire... Comment mourir?.. Car vous comprenez bien que je ne puis vivre ainsi... qu'il y a assez de temps que je souffre... Alors, mon père, une pensée m'est venue, n'ayant rien pour me frapper, j'ai demandé à la faim de me tuer.

PACHECO.

A la faim!

STELLA.

Oui, mon père, j'ai refusé les aliments qu'on me présentait... J'étais si malheureuse, si désespérée, si perdue, abandonnée des miens, de mon frère, de vous, que je m'imaginai que j'aurais la force de mourir ainsi.

PACHECO.

Et tu as souffert cette horrible torture!

ACTE III, SCÈNE VII.

STELLA.

Pas assez long-temps pour mourir... C'est affreux, mon père... Je résistais tout un jour, et le jour qui suivait encore; puis, ces femmes venaient avec des larmes et des prières qui ne me touchaient pas... Mais on mettait sous mes yeux une table, du pain... des mets... Je ne voulais pas... Je les repoussais d'abord... Mais bientôt... je ne puis pas vous dire cela autrement... mais, quelque chose d'effroyable me serrait au cœur, une force irrésistible m'attirait vers ces mets étalés sous mes yeux... Malgré moi... mes regards ne pouvaient s'en détacher... mes mains les allaient chercher, je les prenais... je mangeais... et ce jour-là, je ne mourais pas.

PACHECO.

Oh! c'est horrible!

STELLA.

Croyez-vous que ce soit assez? croyez-vous que je n'ai pas mérité de mourir?... Et si Dieu vous a envoyé près de moi, mon père, n'est-ce point parce qu'il veut la fin de mes souffrances? n'est-ce pas pour que je ne meure pas seule, et pour qu'une larme tombe peut-être avec une bénédiction sur le cadavre de votre fille? n'est-ce pas pour que vous me donniez comme un dernier don de votre pitié, ce poignard?...

(Elle arrache le poignard de la ceinture de Pacheco.)

PACHECO.

Que fais-tu, malheureuse?

STELLA.

Ce que vous eussiez fait, si vous aviez prévu mes douleurs.

PACHECO.

Arrête, Stella!... arrête, ma fille!

STELLA.

Oh! mais je n'ai plus la force de vivre; ne m'ôtez pas la force de me tuer!

PACHECO.

Oh! tu vivras, ma fille, mon enfant! tu vivras!... je te pardonnerai.

STELLA.

Ah!

PACHECO.

Je te pardonne!...

STELLA, tombant aux pieds de Pacheco.

Votre pardon est venu trop tard, mon père; je suis l'épouse de Villaflor.

PACHECO.

Ce mariage peut se rompre!

STELLA.

Eh! que m'importe, mon père? j'ai tant souffert, j'ai tant pleuré, j'ai tant détesté ma vie, qu'il me semble que je ne peux plus rien aimer.

PACHECO.

Pas même ton père?... pas même moi, enfant?

STELLA.

Oh! si, je vous aime, mon père! et maintenant je sens que vos bras sont comme un foyer d'amour où je réchauffe mon âme qui est glacée, et mon corps qui a froid.

PACHECO.

Merci, enfant... Oh! moi aussi, je sens mon âme se ranimer à ton amour... Tu vivras, Stella, tu vivras pour moi!

STELLA.

O mon père, pourrez-vous donc m'arracher à ce malheur qui me rend folle?

PACHECO.

Je te l'ai dit, ce mariage peut se rompre.

STELLA.

Et don Fernand m'a promis de m'accorder ce que j'oserais vous demander.

PACHECO.

Eh bien! espère Stella!... espère!

STELLA.

O mon Dieu! vous qui m'avez donné tant de force pour souffrir... me l'enlèverez-vous à l'heure où le pardon de mon père me ranime à la vie?

PACHECO.

Appuie-toi sur moi, enfant, viens!... (Elle se pend à son bras.) Viens!...

(Il la conduit vers le lit de repos.)

SCÈNE VII.

STELLA, PACHECO, FAUSTUS.

FAUSTUS, au fond et regardant au loin.

Mon père!...

STELLA.

Faustus!

PACHECO, se dégageant de Stella.

Faustus!... Je l'avais oublié!

(Stella retombe assise.)

FAUSTUS, descendant vivement la scène.

Mon père, les Tellez approchent.

PACHECO.

Tais-toi!...

FAUSTUS.

Ils viennent enfin se livrer à nous!

PACHECO.

Oh! tais-toi... pas devant elle!

FAUSTUS.

Qu'y a-t-il donc?

PACHECO.

Regarde!

FAUSTUS.

Stella!... Oh! la malheureuse!... éloignez-la!...

STELLA, à part.

C'est Faustus... Faustus armé... et que mon père veut faire taire... Oh! le malheur est-il donc inépuisable!

PACHECO, à Stella.
Va, mon enfant, va... rentre dans cet appartement, je vais appeler tes femmes.
STELLA.
Mon père, ne suis-je pas bien près de vous... ici ?...
PACHECO.
Ce n'est pas ta place, enfant.
STELLA.
Et pourquoi ?
PACHECO.
Parce que nous devons y parler d'affaires auxquelles une femme doit rester étrangère.
STELLA.
Villaflor m'aurait donc trompée ?...
FAUSTUS.
Et que vous a-t-il dit ?
STELLA.
Qu'il s'agissait du salut de la patrie !
FAUSTUS, à part.
Pauvre fou !
PACHECO.
Quoi qu'il en soit, ta présence est inutile !
STELLA.
Mais il m'a dit que les Tellez allaient venir.
PACHECO.
C'est vrai !
FAUSTUS.
Et c'est pour cela que vous voulez rester ?
STELLA.
C'est pour cela, mon frère, car il m'a dit encore que vous y veniez pour leur tendre une main amie.
FAUSTUS, à part.
Il nous méprise assez pour le croire, l'infâme !
STELLA.
Et que je vois bien que vous y venez pour les exterminer.
PACHECO.
Qui te l'a dit ?
STELLA.
Regardez Faustus... la main sur son poignard, la pâleur sur son visage, impatient de tout retard, respirant l'espoir du sang et de la mort.
FAUSTUS.
Obéissant à son père... Depuis huit jours que je poursuis Silvio, de Cordoue à Carthagène, de Carthagène à Grenade, sans pouvoir jamais l'atteindre, il me semble que la vie de cet homme empoisonne l'air que je respire.
PACHECO, à Faustus.
Silence !
STELLA.
Et ne pouvant l'atteindre, il vient le chercher ici !
PACHECO, à Stella.
Silence !

FAUSTUS.
Je viens où je puis le trouver... et où je le trouverai il mourra !... Retirez-vous, marquise de Villaflor.
STELLA, se levant.
Ah ! vous me le rappelez à propos, comte Faustus ; oui, je suis la marquise de Villaflor, c'est vrai, et vous êtes chez elle, ne l'oubliez pas !
FAUSTUS.
Malheureuse !
PACHECO.
Mon fils !
STELLA.
Vous êtes chez elle, et la trahison n'y entrera pas, je vous le jure !
FAUSTUS.
Venez, mon père, laissons-la en proie à son aveugle passion.
STELLA.
Restez ! vous m'écouterez, Faustus... et vous me répondrez, si vous l'osez... Vous qui vous entendez si bien à l'honneur des femmes, que vous demandez leur mort pour une faute... dites-moi donc quel est le châtiment de l'homme qui ment à sa parole ?
FAUSTUS.
Et c'est la fille coupable qui parle ainsi à son frère !
STELLA.
Et vous vous êtes fait mon juge ?... vous !... Et moi, parce que j'ai trahi la haine de ma famille et oublié mes devoirs de fille, je mourrai dans les larmes et le désespoir, et vous, qui trahissez l'amour de la patrie, cette première famille du soldat ; vous, qui allez manquer à votre parole, cette sainte vertu de l'homme, vous vous croyez le droit de me mépriser.
FAUSTUS.
Assez !
STELLA.
Et si vous trouvez votre sœur mourante sur votre route, vous l'écarterez insolemment de la main, en criant : « Place à ma vengence !... » Ce ne sera pas !... (Mouvement de fureur de Faustus). Vous ne me ferez pas peur, Faustus... Celle qui a dit à la mort : « Quand tu viendras, tu seras la bienvenue, » celle-là est plus forte que vous... Ce ne sera pas !
PACHECO.
Est-ce là le prix du pardon que je t'ai accordé ?
STELLA.
Est-ce là prix du malheur que j'ai accepté, moi ?... Mais quand je vous demandais cet odieux mariage pour vous sauver une honte de plus, je le sauvais aussi, lui... et maintenant, vous voulez me le tuer... Ce ne sera pas !
FAUSTUS.
Qu'ordonnez-vous, père ?...

PACHECO.
Pardonne-lui, Faustus; il y a de ces douleurs qui excusent tout... pardonne-lui... mais ce qui est décidé s'accomplira.
STELLA.
Pitié! mon père, pitié!
PACHECO.
Elle ne t'a pas manqué tout à l'heure... et malgré les malédictions dont tu nous accables, elle ne te faillira pas encore.
STELLA.
Renoncez donc à vos projets!
PACHECO.
Il faut que justice se fasse. Retirez-vous, Stella.
STELLA.
Je reste, mon père; je veux voir si vous oserez le frapper devant moi.
(Mouvement de Pacheco. — On entend un bruit de fanfares.)
PACHECO.
On vient!
STELLA.
Je reste... et si ce malheur doit me venir encore... celui-là me tuera sans doute.

SCÈNE VIII.

STELLA, PACHECO, FAUSTUS, DON LUIZ, DON CHRISTOVAL, SEIGNEURS du parti de Pacheco, DON FERNAND.

FERNAND, entrant.
Seigneur, je vous annonce les Tellez!
FAUSTUS.
Enfin!
STELLA.
Seigneur, qu'ils n'entrent pas!
PACHECO.
Silence, malheureuse!
FERNAND, à lui-même.
Toujours le même trouble à ce nom... Ah! c'est un de ces Tellez qui tient le secret de cette douleur... Mais lequel est l'amant tant pleuré... Oh! je le saurai...
PACHECO, bas.
Les voilà donc enfin!
FAUSTUS.
Et vous, comptez sur nous, mon père.
PACHECO.
Et n'oublie pas que s'il fallait plus pour ma vengeance, je n'hésiterais pas à le faire!...
FAUSTUS.
Je n'oublierai rien.
(Pacheco conduit Faustus au fond. Pendant ce temps, Fernand, qui a remarqué la sortie de Faustus, interroge don Luiz. Pacheco redescend la scène.)

PACHECO, à Fernand.
N'est-il pas convenable que la marquise de Villaflor se retire, seigneur?... et n'allons-nous pas nous entretenir d'affaires où la présence d'une femme est inutile?
STELLA.
Mais, mon père...
FERNAND.
Il convient que la marquise de Villaflor reste, seigneur,... pour faire honneur à la venue des Tellez, comme elle a fait honneur à la vôtre!
STELLA.
Et je vous remercie, seigneur!
PACHECO, bas, à Stella.
Il en est temps encore, va-t'en.
STELLA.
Trouvez-vous que je manque de courage pour souffrir?
FERNAND, à part.
Elle veut rester pour le voir, sans doute... Ah! Stella, je puis vous pardonner d'en aimer un autre, mais je ne lui pardonnerai pas d'être aimé de vous... (A tous, montant un peu la scène.) Les Tellez vont venir, seigneurs; vous n'oublierez pas le serment fait entre mes mains... Si la voix de la patrie n'est pas assez puissante pour étouffer vos ressentimens, si la vue de vos ennemis ranime en vous des colères mal éteintes, n'oubliez pas que les Tellez sont entrés dans ce château confians en ma parole et en la vôtre, Pacheco.
PACHECO.
Nous tiendrons notre parole aussi bien que les Tellez, soyez-en sûr, don Fernand.
FERNAND.
N'oubliez pas qu'ils sont sous la protection du roi.
PACHECO.
Les ordres du roi seront fidèlement exécutés.
FERNAND.
Souvenez-vous surtout qu'ils sont chez moi!
PACHECO.
Demande-leur aussi de ne pas l'oublier!
FERNAND.
En tous cas, je me souviendrai pour tous.
(Il va à un de ses valets et lui donne un ordre.)
STELLA, bas, à Pacheco.
Vous l'entendez, mon père!
PACHECO.
Va-t'en... va-t'en... te dis-je!

(En ce moment, les personnages sont ainsi disposés: A gauche du spectateur, Stella, Pacheco, don Luiz, don Christoval et les autres seigneurs du parti de Pacheco; à droite, seul, sur le devant de la scène, Fernand qui examine en face la contenance de Stella.)

SCÈNE IX.

Les Mêmes, puis les Seigneurs du parti des Tellez, puis SILVIO, puis BÉNÉDICT.

LÉLIO, en haut, et annonçant.
Seigneur, le noble comte Rodrigue Tellez!... don Fabiano, comte de Valdès, les deux nobles frères Tellez de Castro!

FERNAND, regardant Stella.
Elle reste impassible!

STELLA, à part.
Oh! s'il ne pouvait pas venir.

LÉLIO.
Son excellence don Silvio Tellez, marquis de Guescar.

PACHECO.
Enfin!

FERNAND.
Le beau Silvio!... (A part et regardant Stella!) Elle est immobile. (Haut.) Qu'il soit donc le bienvenu, car je me souviens avec joie que nous avons fait nos premières armes ensemble... (Il va à lui.) Salut et amitié à toi, Silvio... Ta main!

SILVIO, sans lui donner la main.
Je vous salue, marquis de Villaflor!

FERNAND.
A moi ce salut glacé?... à moi le refus de ta main, Silvio!... (A part.) Quelle pâleur!

SILVIO.
Bien que vous nous ayez réunis ici pour une entrevue de plaisirs et de folies, je crois, marquis de Villaflor, que nous pouvons nous dispenser de toutes ces vaines démonstrations d'une puérile amitié d'enfance.

FERNAND.
Comme il vous plaira, marquis de Guescar; et puisque, entre nous, tout doit se passer selon les formes de l'étiquette, donnez-moi donc votre main comme l'hôte qui a passé le seuil de ma maison.

SILVIO.
La voici!

FERNAND, le prenant par la main et le conduisant à Stella.
Et permettez que je vous conduise devant la reine de cette fête... Don Silvio, je vous présente à la marquise de Villaflor!

SILVIO, froidement.
Et je salue la marquise de Villaflor.

STELLA, de même.
Et je salue le marquis de Guescar.

FERNAND, à part.
Tous deux impassibles!... mais tous deux plus forts que leur douleur, peut-être. (Haut.) Messeigneurs, vous l'entendez, la fête vous appelle; veuillez vous y mêler, car elle devra toute sa magnificence à l'illustration des hôtes qui ont bien voulu l'accepter, et la part que vous y prendrez en fera, je l'espère, la plus heureuse qu'ait jamais vue Murcie. (Les seigneurs s'éloignent lentement.)

SILVIO, bas, à Bénédict.
Elle n'a point tremblé!

BÉNÉDICT, de même.
Regardez-la; voyez comme elle souffre.

SILVIO, bas.
Le remords a sa douleur comme le désespoir.

BÉNÉDICT, de même.
Oh! Francesca vous a dit vrai; elle est innocente.

SILVIO, bas.
Innocente ou coupable, il faut qu'elle soit à moi. Que nos amis soient prêts.

BÉNÉDICT, de même.
Prenez garde!

SILVIO, bas.
Souviens-toi seulement que si tu ne me revois pas, et que si je ne réponds pas au signal convenu, tu iras à Guescar.

BÉNÉDICT, de même.
Quoi! seigneur...

SILVIO, bas.
Je le veux!...

FERNAND.
Don Silvio, vous disiez tout à l'heure que nous étions assemblés ici pour une fête... Le choix de mes hôtes devrait vous rappeler que ce n'est ni l'occasion ni le lieu de parler tout bas avec ce jongleur, que je reconnais à présent.

SILVIO.
Que dites-vous donc, Villaflor? mais un jongleur me semble aussi nécessaire à une fête qu'une épée à une bataille!... et celui-ci me donnait un avis dont vous, du moins, reconnaîtrez la sagesse.

FERNAND.
N'oubliez pas que ce n'est pas devant moi seul que vous parlez!

SILVIO.
Je n'oublie personne, Villaflor, et je parle pour tous ceux qui m'écoutent, et si tu veux me laisser poursuivre, je suis sûr de l'attention de tout le monde.

STELLA, à part.
Que dit-il?

FERNAND, à part.
Elle a frémi!... (Haut.) Continue, Silvio, c'est toi surtout qui me plais ainsi joyeux et léger.

SILVIO.
Eh bien! mon jongleur me disait : « Au lieu de ces longues explications qui ne font que ranimer des colères vaines et inutiles; au lieu de revenir sur l'histoire sanglante de Pacheco et des Tellez, dis-leur, pour leur montrer comment se terminent souvent les plus affreuses querelles, dis-leur l'aventure amoureuse et folle racontée dans ces vers, qui s'ont appris avec qu'elle facilité on peut oublier des sentimens qu'on pensait inaltérables. »

ACTE III, SCÈNE IX.

FERNAND.

Puissent ces vers avoir sur tous mes hôtes le pouvoir qu'ils ont eu sur toi. Venez, venez messeigneurs, le marquis de Guescar nous promet une joyeuse ballade, toute pleine de salutaires leçons, sur l'oubli qu'on doit faire du passé... Venez.
(Les seigneurs rentrent et viennent se placer autour de Silvio.)

SILVIO.
Veux-tu donc que je la dise devant tous ?

FERNAND.
Pourquoi pas devant eux comme devant nous ?

SILVIO, à part.
Non, ce serait affreux !

FERNAND.
As-tu peur de ce que tu as à nous dire ?

SILVIO, haut.
Moi, non, Villaflor ; et puisque tu le veux, je suis prêt ! (Bas à Bénédict.) Et toi, au signe que je te ferai, pars, et n'oublie pas l'ordre que je t'ai donné.

FERNAND, à part.
Il veut l'éloigner, et Faustus est déjà parti, j'y veillerai ! (Haut.) Eh bien ! marquis, nous attendons ces vers que tu as appris sans doute depuis peu de temps ?

SILVIO.
Ils ont été dits pour la première fois, il y a quelques jours, chez la courtisane Cornelia.
(Mouvement général de surprise.)

STELLA, de même.
Chez une courtisane !

FERNAND, à part.
Chez Cornelia ! Ah ! malheur !

PACHECO, bas, à Stella.
Tu as voulu rester, Stella ; maintenant, il faut que tu écoutes.

SILVIO.
Chez Cornelia, la belle Cornelia... qui en a fourni, m'a-t-elle dit, le sujet au poëte.

FERNAND.
Et tu l'y as aidé, peut-être ?

SILVIO.
Peut-être... En tous cas, l'histoire est bizarre. Je ne la dirai pas avec la grâce que tu pourrais y mettre, marquis, toi qui es célèbre par tes joyeux récits... mais je tâcherai qu'il vous plaise.

FERNAND.
Et, à mon tour, je t'aiderai peut-être... à la raconter.

SILVIO.
Voici !

Sous le sceptre tremblant d'Henri, roi de Murcie,
Deux familles vivaient, d'une haine endurcie,
Et prompte à la rébellion ;
Se détestant jadis, se détestant encore,
Bien plus que le Chrétien ne déteste le Maure,
Plus que le tigre, le lion.

STELLA, à part.
O mon Dieu ! où veut-il en venir ?...

PACHECO, bas à Stella.
Tu l'as voulu... mais j'ai pitié de toi !... (Haut.) Assez Silvio, ce jongleur nous a déjà dit cette histoire.

SILVIO.
Ce n'est pas la même, seigneur !

FERNAND.
Laissez-le dire, Pacheco, je ne la connais pas !

SILVIO.
Je poursuis...

Pourquoi cette haine immortelle ?
Est-ce pour un mari trompé,
Où pour une fille en tutelle,
Oiseau de sa cage échappé ?
Pour une chose folle et vaine
Que le sage accepte sans peine,
Venant de la nécessité ;
Comme le parfum vient de l'ambre,
Comme la froidure en décembre,
Comme le soleil en été !...
Oh ! c'était pour bien plus, cette haine fatale,
C'était pour un coussin, c'était pour une stalle,
Qu'à l'église ils se disputaient.
Et les deux prétendans se tuèrent en braves...
Et deux siècles après, pour des motifs si graves,
Les fils de leurs fils se battaient.

STELLA, à part.
O mon Dieu ! mais quel est donc son projet ?...

PACHECO, de même.
Oh ! Faustus tarde bien !

FERNAND.
Mais continue donc ; regarde avec quelle attention on t'écoute.

SILVIO.

Mais des cœurs, le maître magique,
Qui verse le baume ou le fiel
Au roi sur son lit magnifique,
Au pauvre qui dort sous le ciel ;
Qui rit des promesses sacrées,
Des amans, des haines jurées ;
Ce sorcier, en jouant un jour,
Souffla sur ce foyer de haine,
Et sous sa chaude et jeune haleine,
Jaillit une flamme d'amour.

STELLA, à part.
Oh ! de la force... de la force, mon Dieu !

PACHECO, bas, à Stella.
Patience, l'heure approche.

SILVIO.
Les cœurs qu'il enflamma... ce fut la jeune fille,
Brillant d'un pur éclat au front de sa famille,
Comme une perle d'Orient...

STELLA, avec effroi.
O mon Dieu !

PACHECO, bas, à Stella.

Silence !

SILVIO.

Ce fut le fier soldat, nourri dans les alarmes,
Qui n'avait regardé, toujours prêt sous les armes,
Que la bataille en souriant !

FERNAND.

Tu connais ce héros ?

SILVIO.

Je te dirai son nom, écoute encore...

STELLA, bas, à Pacheco.

Grâce, mon père !... emmenez-moi !

PACHECO, de même, à Stella.

Reste !... reste !...

SILVIO.

L'amour, qui court à tire-d'aile,
Mène vite les amoureux...
Grâce aux soins d'un jongleur fidèle,
Un rendez-vous fut pris pour eux.

STELLA, bas, avec épouvante.

Assez !

PACHECO, bas à Stella.

Tais-toi ! Courage !

SILVIO.

Mais il était, de par la ville,
Glaive d'acier, mais âme vile,
Un cavalier infâme et fier,
Portant bien le casque et la soie,
Et qui dans le vin souille et noie
La gloire qu'il conquit hier.

Connais-tu celui-là, Villaflor ?

FERNAND.

Je t'écrirai son nom dans le cœur.

SILVIO.

Soit qu'il eût su charmer la belle mal éprise...

STELLA, toujours avec effroi.

Oh !

SILVIO.

Soit que par sa duègne, adroitement surprise,
Il tentât un coup hasardeux,
Au rendez-vous, donné par la belle ravie,
Où l'autre amant venait au péril de sa vie,
Il se trouva qu'ils étaient deux.

STELLA, avec désespoir.

Oh ! faites-le taire, mon père !... faites-le taire !

PACHECO, à part.

Faustus... Faustus, ne viendras-tu pas ?

SILVIO.

Oh ! pourquoi donc, avant l'aurore,
Renvoya-t-elle dans la nuit
L'amant crédule qui l'adore,
Tremblant pour elle au moindre bruit ?
C'est qu'on dit que, dans sa demeure,
L'autre amant attendait son heure,
Par ses soins prudemment caché...

STELLA, se levant et s'avançant vers Silvio.

Horreur !... Et c'est Silvio qui dit cela !... Infamie sur toi !

PACHECO, retenant Stella.

Qu'avez-vous donc, Stella ? C'est une histoire inventée à plaisir, et que le comte Tellez raconte à merveille... Achevez.

FERNAND.

Non, seigneur, vous voyez bien qu'il ne la sait pas, car il dit qu'elle attendait le débauché après l'amant... Tu en as menti, Silvio... il n'y a que moi qui ai passé la nuit dans la chambre de la fille de Pacheco... (Courant au fond et appelant.) Lélio !   (Il disparaît un moment.)

SILVIO.

Tu mens !

STELLA, avec désespoir.

Oh ! qui donc m'arrachera à tant d'outrages ?

SILVIO, s'avançant vers Stella.

Moi, Stella !... Stella, moi, qui ne suis pas venu ici pour t'insulter seulement, mais pour t'arracher à cet homme, pour t'arracher au père qui t'a sacrifiée à sa haine féroce, à son insatiable orgueil... Viens !...

PACHECO, se mettant entre Stella et Silvio.

Oublies-tu qu'elle est ma fille ?

SILVIO.

Oublies-tu que c'est Tellez qui a juré de te l'arracher ?... Je n'ai pas tenté cette horrible épreuve pour ne pas obtenir Stella... Tous ceux qui se font honneur de suivre les Tellez sont aux portes de ce palais... A moi !

PACHECO.

A moi, soldats !

(A ce double cri accourent les gardes des deux partis.)

SILVIO.

Arrière tous ; vous êtes mes prisonniers, et Stella est à moi.   (Tous tirent leur épée.)

PACHECO, qui entend un bruit de fanfares.

Ecoute, voilà Faustus qui arrive, car tu n'as pas pensé, Tellez, que je venais ici pour te tendre la main comme à un ami. Ce palais va être envahi par les miens... C'est vous qui êtes mes prisonniers, et je reprends ma fille.

FERNAND, reparaissant au fond, l'épée à la main.

La marquise de Villaflor n'appartient qu'à son époux, et où commande don Fernand de Villaflor personne n'est le maître... Le palais est fermé... les herses levées.. les créneaux couronnés de soldats... Ni Pacheco ni Tellez n'entreront ici, — et c'est moi qui déciderai de votre sort à tous.

PACHECO.

O malheur !

SILVIO.

Trahison !

FERNAND.

Silence !... Vous qui avez de tous côtés menti à vos sermens... le débauché, dont vous faites mépris, vous apprendra bientôt comment on tient sa parole et comment on protége une femme.

ACTE QUATRIÈME.

Le théâtre représente une salle en pierre. — Au fond, une fenêtre grillée, avec deux portes à droite et à gauche. — Sur chaque côté de la salle, à droite et à gauche du spectateur, une autre porte. — A gauche un siége.

SCÈNE I.

PACHECO, SILVIO, LÉLIO, puis **DON FERNAND.**

(Au lever du rideau, il fait nuit, Pacheco seul est en scène.)

LÉLIO, entrant par la porte du fond, à droite du spectateur.

Entrez, seigneur.

SILVIO, amené par des gardes, et s'arrêtant sur le seuil de la porte.

Où me conduisez-vous?... La salle où j'étais enfermé n'était-elle pas assez sûre au gré du marquis? Est-ce donc ici la prison où ton maître croit pouvoir garder long-temps Silvio Tellez prisonnier?

LÉLIO.

Entrez, seigneur; c'est ici que mon maître vous dira sans doute ce qu'il a décidé de vous.
(Il reste au fond.)

SILVIO, entrant.

Ce qu'il a décidé de moi?... Qu'il vienne donc, je l'attends!

PACHECO.

Quelqu'un est entré!
(La porte du fond, à gauche, s'ouvre lentement. Villaflor paraît.)

FERNAND, bas, à Lélio.

C'est bien, va, Lélio. Fasse Dieu que je trouve dans leur cœur autre chose qu'une haine aveugle et implacable!

(Lélio sort, et Fernand reste au fond de la salle.)

PACHECO, marchant dans l'obscurité.

Qui est là?

SILVIO.

Cette voix... c'est Pacheco!...

PACHECO, allant à Silvio.

C'est Silvio Tellez... et je suis sans armes!

SILVIO.

Ton gendre est prudent, il a aussi gardé mon épée.

PACHECO.

Silvio Tellez dans ma prison... et c'est Villaflor qui l'envoie!... O malheur et malédiction sur lui, c'est une injure qui lui coûtera cher!

SILVIO.

Et tu la lui pardonneras, car il aura soin d'acheter son pardon en te délivrant de l'ennemi que tu as été impuissant à atteindre.

PACHECO.

Si Villaflor veut que je lui pardonne, qu'il nous apporte des armes, et je le remercierai de nous avoir enfin mis face à face.

SILVIO.

Ah! s'il nous donnait des armes, ce n'est pas toi que je chercherais, Pacheco.

PACHECO.

Qui donc détestes-tu plus que moi?

SILVIO.

Lui, lui!.. que je déchirerais avec mes dents, que j'écraserais sous mes pieds si je le tenais!

PACHECO.

Eh bien! si tu le hais à ce point, je te promets sa mort, si elle doit me faire arriver jusqu'à toi.

FERNAND, s'avançant.

Courage, mes maîtres!

SILVIO et PACHECO.

Le marquis!

FERNAND, s'approchant de Silvio et de Pacheco.

Par Dieu! me voilà bien sûr d'être exterminé, si ce n'est par toi, ce sera par lui; si ce n'est par lui, ce sera par toi... Vous oubliez une seule chose, messires, c'est que vous êtes mes prisonniers. Mais laissons cela : nous avons un compte de sang à régler ensemble, et il est nécessaire que nous puissions tous trois nous bien voir face à face... Holà! qu'on éclaire cette salle. (On apporte des torches qu'on plante sur d'énormes chandeliers de fer, et, pendant ce temps, Villaflor reste immobile à considérer la salle où il se trouve. — A lui-même :) Voilà dix ans que je n'étais entré dans cette salle, toute pleine de funèbres souvenirs!... (Haut.) Ouvrez cette fenêtre, donnez-nous de l'air; l'air qui vient du ciel calme la tête et le cœur, et j'ai besoin d'être calme.

(On ouvre la fenêtre et il regarde.)

SILVIO.

Nous t'attendons, marquis de Villaflor.

PACHECO.

Que regardes-tu donc ainsi, don Fernand?

FERNAND.

Je vais vous le dire... Pacheco, les quatre cents routiers que Faustus tenait en embuscade pour surprendre et exterminer les Tellez et leurs compagnons, sont campés à droite, entre les murs de la ville et ce château; je reconnais ces bandits à leurs feux allumés au hasard dans la plaine, à leurs cris qui montent jusqu'ici : ils ne l'ont pas abandonné.

PACHECO, s'approchant de la fenêtre.

Ce sont eux... (A Silvio.) Ceux qui ont combattu pour don Pedre savent quel est le courage de ces hommes.

FERNAND, toujours à la fenêtre.

Mais là-bas, à gauche, près l'abbaye du Désert, debout sous leurs manteaux blancs, j'aperçois... Tu m'entends Silvio Tellez?... J'aperçois un escadron de ces Maures errans, et qui sont à la solde de qui veut les payer. Bénédict est à leur tête... Silvio! tu as promis à ces infidèles du sang espagnol à répandre, et ils attendent patiemment.

SILVIO.

Eh bien! qu'ils attachent la flamme aux murs de ton château, et puissions-nous y périr tous ensemble !... ils m'auront assez bien servi.

PACHECO.

Et puissent mes routiers les aider à cette œuvre de mort, si vous devez y périr tous deux avec moi!

FERNAND.

Si c'est là votre désir, il sera difficile de nous entendre... Heureusement que les tigres sont enchaînés, et l'heure est venue de leur apprendre l'obéissance.

SILVIO.

Parle donc et hâte-toi... que ce soit la mort ou la liberté que tu m'apportes!

PACHECO.

Il me semble qu'il y a déjà long-temps que je l'écoute!

FERNAND.

Soit! mais avant que je ne m'explique, répondez-moi, répondez-moi, sans menaces vaines, comme je vous parle. Etes-vous bien assurés l'un et l'autre qu'à quelque combat qu'il vous plaise de m'appeler un jour, je n'y manquerai pas?

SILVIO.

Toi, Villaflor?

PACHECO.

Oh! il viendra!

FERNAND.

Eh bien! donc, avant cette heure fatale, suivez-moi au combat où je vous appelle, moi.

SILVIO, avec joie.

Contre toi?

PACHECO, avec étonnement.

Contre toi?

FERNAND.

Contre les ennemis de l'Espagne! Depuis deux ans, Abd-el-Raman, du haut de ses minarets de Cordoue, regarde d'un œil vigilant ces riches Castilles que nous lui avons si lentement arrachées... Le tigre, tapi derrière ses murailles imprenables, attend l'heure où, fatigués du repos de leur victoire, les nobles Espagnols rallumeront entre eux la guerre civile. Et quand cette heure aura sonné, il se jettera dans la mêlée de nos partis, se glissera entre nos divisions, et viendra dans nos villes planter le croissant de Mahomet sur le clocher de nos églises.

PACHECO.

Si tu peux assez oublier l'injure de ce Tellez pour marcher à la même gloire et sous la même bannière, pars avec lui, marquis de Villaflor... je vous suivrai tous deux, mais comme le lion suit sa proie.

FERNAND.

Ta réponse, marquis de Guescar?

SILVIO.

Celle de Pacheco... C'est qu'il ne me semble pas possible que le marquis de Villaflor et Silvio Tellez aient tous deux une épée à la main pour la tourner contre d'autres ennemis qu'eux-mêmes.

FERNAND.

Mais vous avez donc bien peu d'estime de vous-mêmes, que vous fassiez tant de mépris des autres?.. Vous avez donc bien besoin de la colère du moment pour venger vos injures, que vous ne puissiez les ajourner au delà du salut de la patrie?

PACHECO.

De la patrie!

FERNAND.

Mais vous avez donc pensé que l'outrage que tu m'as apporté hier, toi, Silvio Tellez, je l'accepterais sans te chercher au cœur la dernière goutte de sang?... tu as donc cru que nous pourrions vivre long-temps sur la même terre?

SILVIO.

Eh bien! fais-moi donc donner une épée, puisque tu te rappelles enfin qu'il est des outrages que le sang seul peut laver.

FERNAND.

Silvio, tu m'appartiens... Cette prison que je t'offre d'ouvrir, je puis la refermer sur toi; ce bras que je veux armer, je puis le charger de fers et laisser ton cœur dévorer dans la nuit d'un cachot ta haine impuissante et captive.

SILVIO.

Fais-le donc, et j'attendrai l'heure où elle sortira de ce cachot plus puissante et plus implacable.

FERNAND.

Et tu n'as pas compris qu'à la place de ces fers infâmes, je te donnais une chaine sacrée... qu'au lieu d'enfermer ta vengeance dans un cachot obscur, je lui donnais pour prison le champ de bataille!... Tu n'as pas compris qu'au lieu de te laisser attendre, sans que nul effort pût hâter le moment de ta liberté, l'heure où tu pourrais me rencontrer, je t'offrais la noble chance de hâter par la victoire la liberté du pays, et l'heure où nous pourrions combattre sans regrets, sans remords, calmes dans notre haine, libres envers la patrie... Tu n'as pas compris cela... Ah! ne valez-vous ni l'un ni l'autre l'honneur que je voulais vous faire à tous deux ?

PACHECO.

Oh! si c'est ainsi que tu l'entends, Villaflor, je suis à toi; et toi-même, Silvio, tu dois être à nous. Viens! allons faire le champ libre, et jusqu'au jour où il nous sera permis de nous y rencontrer, nous pourrons encore mesurer notre haine à la grandeur de nos exploits contre les ennemis de l'Espagne!

FERNAND.

Oh! je savais bien que tu me comprendrais, Pacheco... Et toi, marquis de Guëscar?

SILVIO.

Villaflor, fais préparer tes chaînes les plus lourdes et ouvrir ton cachot le plus obscur.

(Silence.)

FERNAND.

Silvio Tellez... as-tu bien réfléchi?

SILVIO.

Je commence à attendre.

FERNAND.

Et tu n'attendras pas long-temps... (Il ouvre la porte de côté, à droite.) Regardez sur le seuil.

PACHECO, s'approchant.

Il y a du sang!

SILVIO.

Du sang!

FERNAND, à Silvio.

Et je vais te dire quel est ce sang... Tu n'es pas le premier dont les paroles aient tenté de flétrir l'honneur d'une femme. Un homme osa se vanter, comme toi, d'avoir obtenu l'amour d'une Villaflor... Il était à cette place quand il prononça ces paroles, et le poignard d'un Villaflor le renversa mort à cette place!

SILVIO.

Après?

FERNAND.

Et comme le cadavre de cet infâme devait disparaître, on le traîna au fond de cette salle, où tu vas entrer, et on referma cette porte, qui ne s'est pas ouverte depuis dix ans.

SILVIO.

C'est affreux!... mais il y entra mort!

FERNAND.

Et tu vas y entrer vivant.

PACHECO.

Mais quel est donc ton projet?

SILVIO.

Ne peux-tu me tuer plus noblement, et ta haine a-t-elle besoin des tortures de la faim?

PACHECO.

Mais ce n'est pas là ce que je veux; ce n'est pas là ce qu'entend ma vengeance!

FERNAND, courant à Silvio.

Les tortures de la faim!... Mais il y a dans cette maison une femme qui les a souffertes huit jours pour te rester fidèle, et tu pourras bien les supporter jusqu'à la mort pour te punir de l'avoir insultée!

SILVIO, faisant un pas pour entrer.

Qu'a-t-il dit?... Stella...

FERNAND.

Et lorsque cette porte se sera fermée sur toi, prie Dieu de t'envoyer une main pour te la rouvrir.

(On entend au dehors le son d'une guitare.)

SILVIO, avec joie.

Ah! c'est Bénédict!

PACHECO.

Songe que ce signal t'apporte peut-être ton dernier moyen de salut.

SILVIO.

Peut-être?...

PACHECO.

Songe donc que tu ne peux plus y répondre!

FERNAND.

Qu'il y réponde s'il veut, Pacheco. Écoute, Silvio, ton écuyer est au pied de cette tour. Dis-lui ce que tu veux, jette-lui tel signé que tu voudras; si tu crois ainsi pouvoir m'échapper... je veux que cet espoir entre avec toi dans cette tombe.

SILVIO, se dirigeant vers la porte que Fernand a ouverte.

Non, non, Villaflor!... je ne veux rien de toi. Que cette porte se referme sur moi, et tremblez tous les deux de voir se lever sur vous la main qui viendra me l'ouvrir.

(Il entre dans le cachot en fermant sur lui la porte avec violence.)

PACHECO.

Ah! rien ne vit en toi que la haine!... Eh bien! soit, Silvio, et je te le jure, ce ne sera pas la main des tiens qui te rouvrira cette porte.

∞∞∞∞∞∞∞∞∞∞∞∞∞∞∞∞∞∞∞∞∞∞∞∞∞∞∞∞∞∞

SCÈNE II.

FERNAND, STELLA, PACHECO.

STELLA, paraissant à la porte du fond, à droite.

Ce sera donc la mienne!

FERNAND.

La vôtre, madame!

PACHECO.

La vôtre, marquise de Villaflor!... Ah! s'il n'avait fait qu'insulter votre père, s'il n'avait fait qu'insulter votre époux, je comprendrais la pitié de ce cœur que l'amour égare, mais il a insulté ton père... ta famille, il ne te reste donc plus ni fierté, ni respect de ton nom, que tu lui pardonnes l'outrage dont il nous a tous flétris avec toi?

STELLA.

Mon père, avant de me condamner encore, avant de prendre de nouvelles et funestes résolutions... attendez une heure, et peut-être vous apprendrez que le cœur de votre fille n'est pas seulement fort contre la douleur, et qu'il sait faire d'autres sacrifices que celui de la vie.

PACHECO.

Ce n'est plus à moi qu'appartient le droit de disposer de votre sort ; allez !

STELLA.

Mon père !

PACHECO.

Que Villaflor vous entende, j'aurais trop de douleur de vous écouter. (Il sort.)

ooooooooooooooooooooooooooooooooooooo

SCÈNE III.

STELLA, FERNAND.

FERNAND.

Vous ai-je bien entendu, madame? et n'avez-vous pas dit que c'était votre main qui devait ouvrir cette porte?

STELLA.

Oui, la mienne; car nous avons aussi un compte terrible à régler ensemble, marquis de Villaflor !

FERNAND.

C'est juste !

STELLA.

Et pour le mal que vous nous avez fait à tous deux... j'ai peut-être le droit de vous demander la vie et la liberté du marquis de Guescar.

FERNAND.

Je viens de les lui offrir.

STELLA.

Je le sais !

FERNAND.

Et il les a refusées.

STELLA.

De vous !

FERNAND.

Et vous me méprisez assez pour penser que je puisse les lui donner à d'autres titres?

STELLA.

Je vous estime assez pour penser que s'il avait été à votre place, vous seriez maintenant à la sienne.

FERNAND.

Qu'osez-vous dire ?

STELLA.

Que vous n'accepteriez de lui, ni grâce, ni pitié, ni merci... que vous aimeriez mieux mourir que de lui laisser la gloire de vous avoir sauvé.

FERNAND.

C'est vrai !

STELLA.

Si c'est vrai, Villaflor, c'était donc un jeu, que cet amour de la patrie au nom duquel vous cherchiez à lui imposer vos bienfaits ?

FERNAND.

Non, Stella ; mais peut-être que, docile à l'exemple qu'il me donne, je pourrais le sacrifier à ma haine.

STELLA.

Et c'est ce que vous ferez, si vous refusez la vie de Tellez à celle de qui il voudra bien la recevoir.

FERNAND.

De celle qu'il aime, et dont il est aimé !

STELLA.

Et si cet amour est un crime, à qui de nous deux en est la faute, seigneur ?

FERNAND, après un silence.

Vous avez raison, Stella, et si le premier mouvement de mon cœur vous a semblé contraire à vos vœux... c'est que je vous en ai voulu de ne m'avoir pas laissé le temps de vous remettre moi-même le soin du salut de Tellez.

STELLA.

En venant vous le demander, seigneur... je pense vous avoir montré que je vous croyais généreux.

FERNAND.

Et malgré mon crime envers vous... je le suis plus que vous ne pensez, madame.

STELLA.

Oh ! je n'avais pas besoin de vous connaître pour savoir quelle vertu il faut aux plus nobles cœurs pour pardonner et pour oublier un outrage.

FERNAND.

Croyez-moi, madame, pour celui dont l'épée n'a jamais failli à sa cause, l'oubli d'un outrage est une vertu facile. Ce n'est pas là ce qui fait que je suis généreux.

STELLA.

Qu'avez-vous donc à oublier, vous, seigneur?

FERNAND.

O Stella ! lorsque, entraîné par une folle extravagance, j'ai voulu devenir votre époux à tout prix... je l'avoue, votre beauté, votre rang, votre vertu, flattèrent surtout mon ambition, et je comptais à peine votre amour dans mes espérances... Mais depuis que je vous ai vue, pour sauver un affront à l'orgueil de votre père, marcher grande et forte à l'autel dont vous vouliez faire une tombe .. depuis que je vous ai vue dans cette maison, cherchant, comme un naufragé cherche la

ACTE IV, SCÈNE IV.

vie, la mort qui vous échappait toujours, j'ai compris quel cœur j'avais offensé... quelle âme j'avais brisée... Et quand j'ai su que tant de douleur venait d'un amour perdu... oh ! j'ai senti que ce devait être le bonheur du ciel d'être aimé ainsi ; qu'un amour comme le vôtre était la récompense de toute vertu, la couronne de toute gloire, le faîte de toute ambition...

STELLA.

Ne me parlez pas ainsi, seigneur !

FERNAND.

O Stella ! malheur, malheur à celui qui est enfermé dans son crime comme dans une prison de fer... et qui ne peut plus en sortir pour dire à celle dont il a flétri la vie et qu'il aime pour tout ce qu'il lui a fait souffrir : Veux-tu de la gloire ? veux-tu de la richesse ? veux-tu du pouvoir ? je te donnerai tout cela pour un peu d'amour.

STELLA.

Vous n'avez pas eu cette espérance, marquis de Villaflor ?

FERNAND.

Non, Stella; et voilà pourquoi je suis généreux, car celui qui a pu vous dire tout cela, celui que votre amour en a payé... celui dont je voudrais tuer l'existence, non seulement dans l'avenir, mais encore dans le passé... celui-là vivra, il vivra parce que vous le voulez... il vivra aimé de vous... il vivra aimé de la marquise de Villaflor...

STELLA.

Qui a voulu mourir pour que vous ne puissiez pas le lui reprocher.

FERNAND.

Et qui mourrait de sa mort, n'est-ce pas?... Prenez cette clé... qu'il parte... que de ne le sache plus près de moi... je pourrais me rappeler qu'il m'a donné le droit de le tuer.

STELLA.

Ce serait un crime !

FERNAND.

Pas un mot de plus... Hâtez-vous... Ce que j'avais résolu de faire pour vous lorsque je pensais à votre douleur... je n'aurais peut-être pas la force de le faire en face de la joie que vous donne l'espoir de son salut... Et, surtout, que je ne le voie plus... (Montrant la porte de côté, à droite.) Cette porte est celle de la prison... (Montrant la porte de côté, à gauche.) celle-ci le mènera près de ses amis, qui l'attendent... Qu'il parte, que vos vœux et votre amour le suivent... Suivez-le vous-même... si vous voulez... Je ne sais si je ne serais pas moins jaloux de son bonheur que je ne l'ai été de votre désespoir. (Il sort.)

STELLA, seule.

Oh! tu te trompes, marquis de Villaflor... Tu as pu faire de moi la plus misérable des femmes, mais tu n'en feras pas une épouse coupable.

SCÈNE IV.

STELLA, SILVIO.

STELLA, ouvrant la porte du cachot où Silvio est enfermé.

Silvio ! Silvio !

SILVIO, sortant du cachot.

Oh ! qui vient m'arracher à cette tombe ?

STELLA.

C'est moi, Silvio, moi, Stella !

SILVIO, avec effroi, sans voir Stella.

Toi, Stella !

STELLA, s'approchant de Silvio.

Oui, Silvio; et maintenant il faut fuir.., il faut te hâter !

SILVIO, toujours avec effroi.

Oh ! viens donc ! viens ! fuyons cet horrible lieu; il me semble encore entendre se briser sous mes pieds les os desséchés de l'amant de la marquise de Villaflor.

STELLA.

Que dis-tu ?

SILVIO.

Oh ! je me croyais plus fort contre la prison... Mais qu'importe cette frayeur insensée !... Je reviens à la lumière, à toi, à la vie... Partons ! partons !

STELLA, montrant la porte de côté, à gauche.

Cette porte te conduira jusque auprès de tes amis.

SILVIO.

Et il est temps que j'arrive près d'eux... car le jour va venir... et je n'ai pas répondu au signal de Bénédict.

STELLA, lui donnant une clé.

Voici la clé de cette porte !

SILVIO, prenant la clé et allant ouvrir la porte.

C'est cela, hâte-toi... Viens !

STELLA.

Adieu, Silvio... que Dieu te protège dans une vie longue et glorieuse, et qu'il me soutienne dans le peu de jours que j'ai encore à souffrir ici-bas.

SILVIO, revenant près de Stella.

Qu'as-tu dit, Stella?

STELLA.

Adieu, Silvio !

SILVIO.

Je te comprends mal, sans doute ; mais viens donc, suis-moi ! (Il cherche à l'entraîner.)

STELLA, lui quittant la main.

Tu ne l'as pas espéré.

SILVIO, avec étonnement.

Qu'es-tu donc venue faire ici ?

STELLA.

T'arracher à cette prison.

SILVIO.

Et pourquoi ?

STELLA.
Pour te rendre ta liberté... ta vie.
SILVIO.
Ma liberté... mais c'est toi... ma vie... mais c'est toi...
STELLA.
Le malheur est désormais avec nous, comme un compagnon inséparable, Silvio... Sachons l'accepter noblement, jusqu'à ce qu'il nous quitte avec la vie.
SILVIO.
En vérité, Stella... je ne sais que te dire... comment te parler... Tu veux que je parle, pour te laisser ici, pour te laisser mourir seule... comme tu l'as déjà voulu... Oh! c'est me demander une lâcheté, un crime!
STELLA, avec passion.
Eh bien! pars... et je vivrai... je te promets de vivre.
SILVIO.
Mais alors je te laisserai aux mains de Villaflor... et que veux-tu que je devienne avec cette pensée?
STELLA.
Et que serais-je, moi, si je te suivais? De quel nom m'appellerait-on, moi qui ai flétri le nom de mon père, et qui traînerais à ta suite le nom de mon époux?
SILVIO avec ironie.
Le nom de ton époux?... Eh bien! soit, Stella... tu ne manqueras pas à l'honneur de ce nom, qui t'est si précieux; tu ne me suivras pas dans ma fuite... Je ne partirai pas. (Il s'assied.)
STELLA, s'approchant de lui.
Et si tu restes, Silvio, il y aura un nom encore plus déshonoré que le mien : ce sera celui de Tellez!
SILVIO, se relevant.
Stella!
STELLA.
Faut-il donc que je te dise que j'ai vu Bénédict?
SILVIO.
Grand Dieu!
STELLA.
Faut-il donc que je te dise qu'il m'a appris l'ordre que tu lui as donné?
SILVIO.
C'est impossible!
STELLA.
Ne comprends-tu pas que je sais que si, au point du jour, tu n'as pas reparu pour rétracter cet ordre infâme, Bénédict, ton écuyer, ira à Guescar, il ouvrira la ville aux Maures, à qui tu l'as promise pour qu'ils t'aident dans ta vengeance.
SILVIO, avec emportement.
Eh bien! qu'ils viennent... et si c'est un crime sans pardon de les avoir appelés... tu en prendras la moitié, toi qui peux le prévenir en me suivant, et qui ne le veux pas.
STELLA, avec prière.
Ta raison se perd, Silvio; pars, hâte-toi, te dis-je!... et tremble de redemander vainement tout à l'heure ton honneur pendu aux murailles de Guescar avec les drapeaux des ennemis de la foi.
SILVIO.
Veux-tu me suivre, Stella?
STELLA.
Jamais!
SILVIO.
Eh bien! ne me demande pas de partir; car ce n'est pas Bénédict qui irait ouvrir les portes de ma ville aux cavaliers d'Abd-el-Rhaman, ce serait moi qui reviendrais te chercher à leur tête.
STELLA.
Et si tu fais cela, tu auras plus fait que Villaflor; tu ne m'auras pas seulement fait détester ma vie, tu m'auras fait maudire l'amour avec lequel je pouvais vivre encore.
Que dis-tu?
STELLA, avec désespoir.
Oh! mais ne vois-tu pas qu'il faut que je meure? ou si tu veux que je vive, ne vois-tu pas que je ne le puis qu'à la condition que tu seras grand et honoré?
SILVIO.
Mais tu seras l'épouse d'un autre!
STELLA.
Mais il sera fier de ton déshonneur.
SILVIO.
Oh! misère et infamie sur moi!
STELLA.
La vraie misère, crois-moi, la véritable infamie, ce sera, si jamais il arrive qu'il puisse me dire, sans paraître vouloir m'insulter, avec une feinte douleur peut-être, avec une fausse pitié...
« Vous ne savez pas, le marquis de Guescar est un traître. » Et mon père me le répétera, espérant me guérir de cette passion insensée qui fait que je te pardonne l'insulte que tu m'as apportée hier... Il me le dira... et au lieu de me guérir, il me tuera avec un supplice de plus... Est-ce là ton espoir, Silvio?
SILVIO, tombant aux genoux de Stella.
Oh! je veux que tu vives, Stella... je veux que tu vives pour moi; mais je veux aussi ma vengeance.
STELLA.
Eh bien! Silvio, va où mon père et mon mari t'appelaient tout à l'heure, va, et dans ce chemin de gloire où ils t'appellent, fais si bien, qu'à toutes les heures de cette guerre qui menace la patrie, on dise partout et toujours : « On a rencontré les Maures, et le marquis de Guescar y était le premier... On a pris Cordoue, et le marquis de Guescar y était le premier... On a vaincu Abd-

et-Rhaman, et le marquis de Guescar était le vainqueur... » Tu veux une vengeance qui les torture?... Ah! je te promets que celle-là leur sera plus cruelle que la mort!

SILVIO, se levant.
Oh! je pars, mais toi, Stella?...

STELLA, avec passion.
Moi, Silvio... j'écouterai... et je serai heureuse!

SILVIO.
Eh! bien, je pars.
(Il se tourne vers la porte.)

STELLA.
Hâte-toi!...

SILVIO, se retournant vers Stella.
Adieu, Stella, adieu!... Oh! si ma jalousie t'a insultée, si mon amour m'a égaré jusqu'à me faire trahir mon pays... oh! tu dois me pardonner... si tu savais ce que je souffre.

STELLA.
Crois-tu donc que je ne souffre pas aussi, moi?

SILVIO.
Et tu veux que je ne te revoie jamais!

STELLA.
Je veux que tu me laisses le peu d'honneur qui me reste.

SILVIO.
Oh! mais je donnerai plus que le mien.

STELLA.
Ah! voilà que tu veux encore te perdre!

SILVIO, faisant un pas pour s'éloigner.
Non, Stella! non, je vais arrêter Bénédict... (Il se rapproche encore.) Mais si tu as peur de la honte qui suivrait partout la fille de Pacheco... la femme de Villaflor, attachée à la fortune de Tellez... (Il lui prend la main.) eh bien! suis-moi... nous cacherons sous un nom obscur, dans un pays ignoré, le bonheur qui peut nous appartenir... (Il la prend dans ses bras.) Viens, Stella, viens... je ne veux que toi de tous les biens que j'ai rêvés... Tu me seras la fortune, le pouvoir, la gloire, tout ensemble.

STELLA, cherchant à repousser Silvio.
Oh! tais-toi!... tais-toi! ne me parle pas avec ces larmes, avec ces prières... J'étais venue ici confiante en toi... Je venais te rapporter plus que ta vie, je venais te rapporter ton honneur, et ce n'est pas bien d'abuser de mon amour.

SILVIO.
Mais c'est affreux de te perdre, toi!...

STELLA, se dégageant de ses bras, et courant à la fenêtre.
Silvio, il faut donc que j'aie plus de courage que toi! (On entend encore le son d'une guitare. — Revenant près de Silvio.) Entends-tu le dernier signal? encore une minute, et ils auront le droit de t'appeler traître et infâme!

SILVIO, allant pour sortir.
Oh! si Dieu est juste, il m'enverra la mort dans la victoire.   (Stella ouvre la porte.)

STELLA, avec amour.
Oh! tu penseras que je vis de ta vie et que je mourrais de ta mort.
(Pendant ces deux dernières répliques, Faustus entre par la porte que Stella vient d'ouvrir, la referme sur lui, jette la clé et se pose sur le seuil, appuyé sur son épée.)

SILVIO, de même.
Qu'elle vienne pour tous deux, si tu m'aimes...

oooooooooooooooooooooooooooooooooooooooooooo

SCÈNE V.

FAUSTUS, STELLA, SILVIO.

FAUSTUS, levant son épée.
C'est la mort que tu appelles, Silvio? la voici!

SILVIO.
Lui!

STELLA, avec épouvante.
Mon frère!

SILVIO.
Ah! voilà la générosité de Villaflor, il avait placé l'assassin à la porte du salut!

STELLA, courant au devant de Faustus.
Mon frère!... place, place!... Laisse fuir Silvio!...

SILVIO.
Fuir!... jamais.

STELLA, à Faustus avec prière.
J'ai tout pardonné, nos haines sont éteintes... Faustus... par grâce, par pitié, ôte-toi de là!...

FAUSTUS, la repoussant et s'élançant après Silvio.
Arrière, Stella!

STELLA, toujours devant Faustus.
Mon frère!...

SILVIO, cherchant partout.
Oh! une arme! une arme!...

FAUSTUS.
Chacune de tes paroles rend sa mort plus certaine.

STELLA, se jetant toujours au devant de Faustus.
Mon frère, grâce! grâce!... tu ne peux pas l'assassiner?...

FAUSTUS.
L'assassiner!... (S'arrêtant immobile.) Va chercher une épée à ton amant, c'est la seule grâce que je puisse t'accorder...

STELLA, avec énergie.
Oh! Seigneur, mon Dieu!... Si je l'avais, tu ne me dirais pas deux fois, Faustus!

SILVIO, avec désespoir.
Rien, mon Dieu! rien!

STELLA, à la fenêtre.
Et Bénédict va partir!... (Appelant.) Bénédict! Bénédict!

SILVIO, de même, à la fenêtre.
Bénédict!... (Avec désespoir.) Il n'y est plus.

STELLA, de même.

Parti !

SILVIO, de même.

Et les Maures l'ont suivi.

STELLA, toujours de même.

Et voilà le jour qui vient, et le déshonneur avec lui.

FAUSTUS, avec menace.

Avec lui, sa mort !

STELLA, avec prière.

Faustus !

SILVIO, avec désespoir.

Le déshonneur !... (Allant à Faustus.) Oh ! maintenant, pour ma vie... un cheval, et j'arriverai avant Bénédict, et je te promets, Faustus, de revenir ici, sans armes, à cette place, de te rapporter ma tête.

FAUSTUS, avec fureur.

Non !

STELLA, à Faustus, avec prière.

Entends-tu ? qu'il te promet de revenir...

FAUSTUS, brandissant son épée.

Non, je te l'ai dit : Où je le trouverai, il mourra !

STELLA, avec une énergie désespérée.

Ah ! Faustus !... vous êtes un lâche !

FAUSTUS, courant sur Silvio.

Je t'avais dit d'aller lui chercher une épée !

STELLA, éperdue.

O misère !... Au secours ! quelqu'un !...

SILVIO, cherchant à éviter Faustus.

Oh ! lâche assassin !

STELLA, toujours éperdue.

Mon père !

FAUSTUS, repoussant Stella.

Tu appelles ton père !

STELLA, appelant.

Villaflor !

SCÈNE IV.

SILVIO, STELLA, PACHECO, FAUSTUS, puis VILLAFLOR.

PACHECO, entrant par la porte du fond à droite, s'élançant entre Faustus et Silvio qui va frapper Faustus, et arrêtant son fils sans le reconnaître d'abord.

Arrête !... Pourquoi ces cris ?... (Reconnaissant Faustus.) Faustus !... Toi ici ?... Qu'y a-t-il donc ?

STELLA, avec désespoir, à Pacheco.

Ce qu'il y a... ce qu'il y a !... C'est que, lorsque Fernand a compris que, lui, il ne pouvait pas tuer Silvio... c'est que, lorsque mon père et mon mari l'ont voulu libre, il y a mon frère qui, n'ayant pu obtenir ma mort, veut avoir la sienne !

FAUSTUS, toujours menaçant.

Il y a un homme qui ne s'est pas laissé tromper aux larmes d'une femme, et qui ne veut pas que sa sœur s'échappe avec son amant, comme une prostituée.

STELLA.

Infamie !

PACHECO, arrêtant Faustus.

Ne lui réponds pas, Faustus... et dis-moi comment tu es arrivé à cette porte, au pied de laquelle veillaient les Tellez ?

FAUSTUS.

Ils y dorment maintenant d'un sommeil éternel !

SILVIO, s'avançant.

Qu'a-t-il dit ?

PACHECO.

Oh ! justice est donc faite... Merci, Faustus, quoique ton père puisse t'envier l'honneur de la victoire.

FERNAND, entrant tout à coup par la même porte que Pacheco.

L'honneur de la victoire, dis-tu ?... Mais quand tu les a attaqués, Faustus, les Maures étaient partis ; vous étiez deux cents, et ils étaient dix.

PACHECO, avec douleur.

Est-ce vrai ?

FAUSTUS, montrant la fenêtre.

Mon père, Silvio peut d'ici compter les cadavres de nos ennemis... Il n'y manque que le sien.

PACHECO, s'éloignant de Faustus.

Ah ! malheureux !... t'avais-je donc ordonné de nous venger par un assassinat !

SILVIO, avec emportement.

Égorgés !... lâchement égorgés !... et je suis ici sans armes.

PACHECO, à Silvio.

Va-t'en, malheureux !... va-t'en !...

FAUSTUS.

Mon père, que faites-vous ?

PACHECO.

Va, Silvio Tellez... va te venger, c'est justice !

SILVIO, éperdu.

Ne faites pas cela, seigneur, ne me laissez pas la liberté, tuez-moi... car à présent, je ne reviendrais sous les murs de cette ville qu'avec Abd-el-Rhaman, et le fer et la flamme à la main.

STELLA, allant au devant de Silvio, avec prière.

Silvio !

PACHECO, à Silvio.

Reviens ainsi si tu veux, Faustus t'a absous par avance de ton crime.

SILVIO.

Eh bien ! donc, malheur à vous tous !

(Il se dirige vers la porte.)

FAUSTUS, lui barrant le passage.

Tu ne sortiras pas, traître !

SILVIO.

Oh ! une épée contre cet homme !

PACHECO, tirant son épée et la donnant à Silvio.

Voici la mienne, Silvio Tellez, et fais-toi place s'il te la refuse.

FAUSTUS, levant son épée.
Viens donc!...
FERNAND, écartant Faustus.
Laisse-le passer, Faustus!
SILVIO, du côté de la porte.
Tu me reverras bientôt!
FAUSTUS.
Je te suis!
FERNAND, retenant Faustus.
Si je te permettais d'y aller, tu m'y trouverais avant lui.
PACHECO, de même.
Et au besoin tu y trouverais aussi ton père.

SILVIO, sur la porte.
Adieu donc, et que Dieu vous protége, vous qui avez égorgé tous les miens! (Il sort.)
FERNAND, s'approchant de Faustus.
Toi qui as perdu la patrie, sois maudit!
STELLA, de même.
Et toi, Faustus, qui as perdu mon Silvio, sois maudit!
PACHECO, de même.
Toi, qui m'as forcé de le sauver, sois maudit!
(Au moment où Pacheco prononce cette dernière parole, Faustus, anéanti, courbe la tête et laisse tomber son épée.)

ACTE CINQUIÈME.

Premier Tableau.

Même décor qu'au deuxième acte.

SCÈNE I.

PACHECO, STELLA, LÉLIO, FAUSTUS, LOPEZ.

(Au lever du rideau, Faustus, blessé, est assis sur un fauteuil, à droite du spectateur. Lopez est devant lui. A gauche, Stella est assise et Lélio est près d'elle. Pacheco est debout au milieu.)

STELLA, assise.
O mon Dieu! nous punirez-vous donc tous du crime de Faustus?
FAUSTUS, assis.
Oh!... cette blessure me brûle comme un fer ardent.
PACHECO.
Oh! Silvio Tellez nous avait promis la guerre et la dévastation... il a bien tenu sa parole... Et quelle nouvelle, Lopez?
LOPEZ.
La porte de Tolède emportée... et dix hommes, seulement, revenus avec votre fils.
PACHECO.
Malheur!... Et qu'a-t-on décidé pour la reprendre?
LOPEZ.
Je me rends au conseil, et la seule chose que je puisse vous dire, c'est que l'assemblée va recevoir les envoyés de Silvio Tellez...
PACHECO.
Les envoyés de Silvio Tellez!... Oh! honte et lâcheté... C'était donc pour cela qu'ils m'ont refusé l'entrée du conseil!

FAUSTUS.
C'est un outrage que vous n'avez pas mérité, vous, du moins...
PACHECO.
Et qu'il faut subir la tête basse... Ah! nous ne parlons plus si légèrement de vengeance, maintenant... On nous insulte, et nous subissons l'affront...
FAUSTUS, se levant.
Les Maures n'ont pas épuisé tout mon sang, et mon bras, fatigué à les combattre, retrouvera sa force, pour demander raison de cette injure à ceux qui vous l'ont faite.
PACHECO, à Faustus.
Et ceux-là te répondront que, dans cette guerre dont nous sommes la première cause, ils ont assez prodigué leur sang au glaive des Maures, pour ne pas le livrer encore à notre épée.
STELLA, se levant.
Comptez sur Villaflor, mon père, il a été rejoindre l'armée que Transtamarre a conduite contre Abd-el-Rhaman, qui l'attaque à Carthagène, pendant que les Maures attaquent notre cité, et il vous a juré... que deux jours ne se passeraient pas sans qu'il revînt au secours de Murcie.
PACHECO.
Qu'il vienne donc, qu'il vienne, il est temps.
(Il va à la fenêtre et regarde.)
FAUSTUS, avec amertume et ironie.
Le premier secours que votre époux devait à Murcie, c'était sa présence... Mais Villaflor a jugé plus brave de quitter la ville, quand la défense de la ville était désespérée.

LÉLIO, à Faustus, avec fierté.

Seigneur, si les remparts de Murcie avaient été défendus comme l'ont été ceux du château de Villaflor... vous n'en seriez pas réduit à craindre que Silvio Tellez ne soit le maître de votre destin.

FAUSTUS, avec ironie.

Le brave marquis de Villaflor l'a cependant quitté, ce château si vaillamment défendu, parce que ses murs ne pouvaient plus protéger sa vie.

LÉLIO, à Stella.

Oh! madame, vous avez vu ce combat de huit jours, où mon maître s'est défendu de tour en tour, de chambre en chambre, de porte en porte, ne reculant que lorsque la muraille ou le plancher manquaient sous les pieds, et vous savez si c'est pour sauver sa vie ou la vôtre qu'il a profité d'une dernière nuit, pour s'échapper et ramener dans sa famille celle à laquelle il ne pouvait plus donner d'abri, car l'incendie avait tout dévoré.

STELLA.

Silence, enfant! quels que soient les torts de Villaflor envers moi, ce n'est pas à lui qu'il faut demander compte des désastres de la patrie... (Se tournant vers Faustus.) et Silvio Tellez ne frapperait pas de sa hache aux portes de Murcie, s'il n'avait à venger les siens égorgés par une infâme surprise.

FAUSTUS, à Stella.

Et Silvio Tellez ne frapperait pas de sa hache aux portes de Murcie, s'il n'y venait chercher celle qui lui a donné le droit de la réclamer, comme si elle lui appartenait!

PACHECO, descendant la scène.

Oh! pour mon châtiment, l'avez-vous ainsi voulu, mon Dieu, que la haine que j'avais semée dans la ville, germât dans ma propre maison et que j'y entendisse mes enfans se reprocher leurs fautes avec amertume!

FAUSTUS, avec humilité.

Mon père!

STELLA, de même.

Suis-je seule coupable?

PACHECO.

Assez, assez tous deux... On vient... sachons cacher du moins à tous les yeux que la division règne sous ce toit, et couvrons de ce dernier lambeau de dignité, cette dernière misère où nous sommes descendus.... Ah! c'est don Christoval.

○○○○○○○○○○○○○○○○○○○○○○○○○○○○○○○○○○○○○○○

SCÈNE II.

STELLA, FAUSTUS, PACHECO, LÉLIO, CHRISTOVAL.

PACHECO, allant à lui.

Salut à toi, mon vieil ami.

CHRISTOVAL, tristement.

Salut à vous tous!

PACHECO, revenant à Faustus et Stella.

Ah! c'est à peine s'il ose lever les yeux sur nous.

STELLA.

Il nous apporte un malheur de plus, sans doute.

PACHECO.

Si c'est un malheur, nous savons comment on reçoit un pareil hôte!

CHRISTOVAL, tristement.

Je ne devais pas venir seul dans ton palais, Pacheco, car je n'étais que le troisième de ceux qui ont été désignés pour t'apporter la résolution que viennent de prendre les chefs assemblés en conseil.

PACHECO, avec dignité.

Quel est donc ce conseil dont Pacheco n'est pas, et quelle est cette résolution qu'il faut cependant soumettre à Pacheco... et dont toi seul as osé te charger?

FAUSTUS, de même.

Et depuis quand un conseil de gentilshommes décide-t-il du sort du plus noble et du plus puissant d'entre eux?

PACHECO, à Faustus..

Silence! (à Christoval.) Comte de Lorca, je t'écoute. (Il va s'asseoir sur le fauteuil à droite.)

CHRISTOVAL.

Tu sais, comte de Tavora, que Silvio est maître de la porte de Tolède.

PACHECO.

Mais tu sais aussi qu'il me reste encore, à la porte de Grenade, mille routiers à ma solde, et que je puis reprendre avec eux la porte que tu as si bravement perdue.

CHRISTOVAL.

Hélas! n'aurais-tu pas du prévoir que les hommes qui se sont vendus une fois à prix d'or, sont toujours à vendre à qui peut les payer plus richement?

PACHECO, avec inquiétude.

Quoi! mes routiers...

CHRISTOVAL.

Ils sont toujours à la porte de Grenade, mais ils y sont au nom de Silvio Tellez!

PACHECO, avec désespoir.

Au nom de Silvio Tellez!

FAUSTUS, de même.

Oh! malheur et trahison!

CHRISTOVAL.

Et c'est pour cela, Pacheco, que le conseil s'est arrêté devant une lutte presque impossible, et que la plupart ne soutiennent qu'avec déplaisir; et c'est pour cela qu'ils ont écouté les propositions du vainqueur.

PACHECO, avec une dignité calme.

Et quels ordres leur a-t-il donnés?...

CHRISTOVAL.

O Pacheco !... heureux ceux qui sont morts dans la bataille !

PACHECO, de même.

A-t-il demandé ma tête sans combat ? a-t-on déjà promis de la lui livrer ?

CHRISTOVAL.

Silvio Tellez n'en veut point à ta vie, ni à celle de tes enfans, Pacheco ; ce qu'il veut, et ce que je voudrais ne pas avoir à t'apprendre...

PACHECO, toujours de même.

Don Christoval, c'est donc bien infâme, que tu hésites à le dire, après ce que tu m'as déjà dit ?

CHRISTOVAL, avec hésitation.

Il demande que ta fille, ton fils et toi, vous lui soyez livrés aujourd'hui même...

PACHECO.

Comme prisonniers ?...

CHRISTOVAL, se levant.

Comme esclaves.

PACHECO, avec surprise incrédule.

Esclave, moi !

FAUSTUS et STELLA, de même.

Nous !

PACHECO, toujours de même.

Oh ! je t'ai mal entendu... Il nous a demandés pour nous tuer ?

CHRISTOVAL.

Il vous a demandés pour esclaves.

PACHECO, anéanti.

Et il s'est trouvé un conseil d'Espagnols pour accepter une pareille infamie !

STELLA, avec dédain.

Et il s'est trouvé un homme de notre nom pour venir nous l'apprendre !

CHRISTOVAL, avec tristesse.

Auriez-vous mieux aimé, Stella, que ce fût un de ces Tellez, maintenant tout puissans ?

PACHECO, avec désespoir.

Mais que sont donc devenus les Oviedos, les Medina, les Guzman ?

CHRISTOVAL.

Demande-le à ton fils... ils étaient avec nous à la porte de Tolède.

FAUSTUS, avec énergie.

Mais nous vivons encore, nous, et... (Il s'arrête.) Pardon, mon père...

PACHECO.

Oh ! tu peux parler à présent, Faustus, l'insolence de Silvio te relève de ton crime.

FAUSTUS, de même.

Eh bien ! que ceux qui acceptent ses ordres, ouvrent les derniers retranchemens au vainqueur, et que Silvio Tellez vienne chercher ses esclaves jusqu'ici... et parmi les ruines de ce palais, le vainqueur trouvera peut-être trois cadavres... et il pourra, s'il veut, leur mettre des chaînes, et les traîner à sa suite.

CHRISTOVAL, avec une tristesse désespérée.

C'est à toi que je parle, Pacheco, et c'est à toi que je déclare, que ce ne seront point les Maures qui l'arracheront à ta demeure, mais ceux qui, lassés, disent-ils, de voir un pays à la merci de nos querelles, ont osé proclamer que ton esclavage et notre honte étaient justice.

ooooooooooooooooooooooooooooooooooooooooo

SCÈNE III.

STELLA, LÉLIO, PACHECO, FAUSTUS, CHRISTOVAL, LUIZ.

LUIZ, accourant.

Et combien sont-ils, ceux qui ont juré d'accomplir cette lâcheté ?

PACHECO.

Don Luiz ! mon fils !

FAUSTUS.

Mon frère !

STELLA.

Mon ami !

CHRISTOVAL, arrêtant don Luiz.

Que viens-tu faire ici, jeune homme ? et n'assistais-tu pas au conseil, où, malgré tous nos efforts, la haine des Tellez a triomphé ?

LUIZ, avec indignation.

Et tu sais que nous en sommes sortis ensemble ; toi, pour apporter à celui dont tu as l'honneur d'être le parent, cette justice de lâches... ce suprême affront délibéré en cour de nobles... et moi, pour armer tout ce qui a gardé à Murcie un peu d'honneur au cœur, un peu de sang aux veines ; pour sauver, non pas au chef de ma maison, non pas au frère de ma mère, mais à un gentilhomme espagnol, l'affront de cette dégradante infamie.

PACHECO, avec reconnaissance.

Ah ! tu es toujours le bras qui porte notre meilleure épée !...

STELLA, de même.

Et vous êtes toujours le cœur à qui viennent les pensées généreuses.

LUIZ, avec enthousiasme.

Don Christoval, si, comme tu viens de le dire, il ne manque pas de soldats aux partisans des Tellez pour faire exécuter les ordres du conseil, tu peux compter d'ici combien il y en a qui ont juré de lui désobéir!

STELLA, de même.

Oh! merci, frère!

LÉLIO, à la fenêtre.

Et leur nombre augmente toujours.

FAUSTUS, de même.

Et ils sont tous armés!

PACHECO, à lui-même, avec amertume.

Ainsi donc, les malheurs que Murcie croyait éviter, vont tomber sur elle plus terribles qu'elle ne le pouvait craindre; Silvio Tellez attend, et lorsque l'heure de la trêve sera passée, la dévastation entrera avec lui dans cette royale cité, et l'œuvre de destruction sera facile, car nous en aurons déjà fait la moitié; ce sera l'incendie allumé au dedans, appelant l'incendie allumé au dehors; ce sera le désordre de la révolte dans le désordre de l'assaut, la guerre dans la guerre, le meurtre dans le carnage, et Murcie tombant sous le double effort de ses fils et de ses ennemis, engloutie tout entière dans l'abîme que lui auront creusé nos divisions... O don Luiz! don Luiz!... la soumission n'est-elle pas une vertu quand le salut est impossible?

LUIZ, avec un enthousiasme inspiré.

Quand la lutte est impossible, la véritable vertu, c'est de mourir!

PACHECO, abattu.

Dans quelques heures, les Maures seront assis sur les ruines de Murcie.

LUIZ, toujours avec enthousiasme.

Mais notre honneur sera debout à côté d'eux...

FAUSTUS, de même.

Salut au jour du dernier combat!

STELLA, avec tristesse.

Salut au jour des dernières douleurs!

(Pacheco va au balcon; une rumeur s'élève à son aspect et s'apaise devant un geste de sa main.)

PACHECO.

Et vous voyez déjà les plus jeunes guerriers et les plus résolus de cette ville se presser à l'entour de cette maison... La foule impatiente tourne ses yeux avides vers ces portes d'où va sortir la guerre. Ecoutez! (Il va vers la fenêtre, et parlant en dehors.) Etes-vous à moi, fidèles Espagnols?

VOIX, d'en bas.

Oui! oui!...

PACHECO, du balcon.

Etes-vous prêts à mourir avec moi sur les ruines de notre cité?

VOIX, d'en bas.

Oui! oui!...

PACHECO, du balcon.

M'obéirez-vous, quelque sacrifice que je vous demande?

VOIX, d'en bas.

Oui, oui! Pacheco!

PACHECO, du balcon.

Attendez donc!... (Il rentre.) Tu les entends, Christoval?

CHRISTOVAL, partageant l'enthousiasme de don Luiz.

Et maintenant, je puis apporter ta réponse au conseil... La guerre, n'est-ce pas?

PACHECO, avec une dignité calme.

Maintenant que je tiens le sort de Murcie dans mes mains, maintenant que la cité peut être sauvée ou périr par moi, va dire à ceux qui t'ont envoyé : que don Henrique Pacheco, comte de Tavora, que don Faustus Pacheco, seigneur de Dueñas, et dona Stella Pacheco, marquise de Villaflor, seront demain à l'aube du jour dans le camp de Tellez, la corde au cou et l'anneau d'esclave au pied.

FAUSTUS et STELLA, entourant Pacheco.

Mon père!

LUIZ, de même.

Mon oncle!

LÉLIO, de même.

Seigneur!

PACHECO.

Silence, enfans!

CHRISTOVAL, d'une voix altérée.

Oh! Dieu ne pardonnera pas à tes concitoyens de t'avoir demandé cet horrible sacrifice! et l'Espagne jugera à qui a été l'honneur, à eux de l'accepter ou à toi de l'accomplir.

PACHECO, à Christoval.

L'honneur est à tous ceux qui font leur devoir... Va!

(Don Christoval sort par la porte de la galerie à droite.)

LÉLIO.

Oh! le mien est de chercher mon maître, et de prévenir ce détestable malheur!

(Il sort par la porte de gauche. Stella et Faustus se retirent chacun dans un coin.)

SCÈNE V.

STELLA, PACHECO, FAUSTUS.

PACHECO.

A nous trois maintenant!... (Faustus et Stella restent, chacun de son côté, plongés dans une sombre méditation.) M'entendez-vous l'un et l'autre? Faustus!...

FAUSTUS, faisant un pas vers lui.

Je vous écoute, seigneur.

PACHECO.

Stella!

STELLA, s'approchant un peu.

Me voci, mon père.

PACHECO, avec amertume.

Tous deux encore bien loin... tous deux le visage détourné et les yeux baissés... tous deux sans doute résolus à résister à la suprême volonté de votre père?...

STELLA, avec tristesse.

Hélas! lorsque j'ai voulu mourir, Dieu a repoussé mon désespoir; il a donc voulu que celui qui m'a donné la vie fût le maître d'en disposer... Je vous la remets, mon père... et je bénirai ce que vous en déciderez.

FAUSTUS, de même.

Et moi, mon père, pouvez-vous m'empêcher de regretter que cette blessure qui s'est arrêtée à mon bras ne soit pas allée jusqu'à mon cœur?

PACHECO, avec énergie.

Et depuis quand donc la mort n'est-elle plus aux ordres de ceux qui l'appellent d'une voix sincère et résolue?

STELLA.

Ne l'ai-je pas assez demandée?

FAUSTUS.

Oh! qu'elle vienne donc, si elle peut vous sauver ce dernier affront.

PACHECO.

Ce dernier affront est notre suprême gloire, et notre mort n'en doit être que la victorieuse consécration.

FAUSTUS, avec étonnement.

Que dites-vous?

STELLA, de même.

Quoi! mon père!

PACHECO, avec enthousiasme.

Nous mourrons tous trois, enfans... et dans ce dernier combat, la victoire sera à l'esclave qui brisera la chaîne où était écrite la victoire du maître... nous mourrons, mais après le sacrifice accompli, après le serment tenu, après la patrie sauvée!

SCÈNE VI.

STELLA, DON LUIZ, PACHECO, FAUSTUS.

LUIZ, avec tristesse.

Vous, mon oncle, vous, comte de Tavora, esclave à la suite de Tellez vainqueur!... Et cette honte...

PACHECO, avec une dignité calme.

La honte est au vainqueur à qui l'Espagne fera un gibet de sa victoire, et non pas au vaincu, à qui elle fera peut-être une couronne de ses fers... Mais ce qui m'adoucit l'horreur de ma destinée, c'est de savoir l'honneur de notre race entre tes mains.

LUIZ, avec menaces.

Et je me souviendrai de ceux qui l'ont oublié!

PACHECO, l'arrêtant.

Des haines encore, des vengeances, don Luiz... Regarde ce qu'elles ont fait de ma maison... Sois brave, sois juste, reste généreux, et dis de ma part à ta mère d'être fière de t'avoir pour fils.

LUIZ, avec humilité.

O mon oncle!

PACHECO.

Et maintenant, embrasse-moi.

(Ils s'embrassent.)

LUIZ, à Stella.

Adieu, Stella!

STELLA, lui tendant la main.

Adieu, don Luiz!

LUIZ.

Oh! quand je vous voyais si charmante et si belle grandir à mes côtés, je vous rêvais une plus noble destinée!

STELLA.

Si Dieu donne à chacun la part qu'il mérite, don Luiz... il vous doit une vie heureuse!... Adieu!

LUIZ, lui baisant la main.

Adieu!... (A Faustus.) Adieu, Faustus!

FAUSTUS.

Adieu, frère!... Je te souhaite une glorieuse mort! (Don Luiz sort.)

FAUSTUS, s'approchant de Pacheco.

O mon père !

STELLA, de même.

Mon père !

PACHECO, avec résolution.

Et à l'heure fatale, le courage ne vous manquera pas ?

FAUSTUS, de même.

Jamais !

PACHECO, de même.

A toi, Faustus, dont la jeunesse peut attendre de l'avenir la liberté et la gloire ?

FAUSTUS, de même.

Ma liberté, ma gloire, mon avenir, sont maintenant dans la mort.

PACHECO, de même.

Et toi, Stella, à qui la lutte sera plus pénible, car tu seras à côté de celui qui a été l'amour de ta vie... auras-tu la force de mourir ?

STELLA, de même.

C'est parce que je l'aime encore que cette force ne me manquera pas.

PACHECO, leur tendant les bras.

...Eh bien ! donc, enfans !...

STELLA et FAUSTUS, courbant la tête.

Mon père !

PACHECO, leur tendant les bras et se retirant aussitôt.

Embrassez-vous d'abord... pour que je puisse enfin vous tenir unis tous les deux ensemble sur mon cœur.

FAUSTUS, s'approchant de Stella.

Ma sœur !

STELLA, s'approchant de Faustus.

Mon frère !   (Ils s'embrassent.)

PACHECO, les tenant tous deux dans ses bras.

A moi tous deux maintenant, à moi !... et soyez tous deux bénis et pardonnés... (Les quittant.) A tout à l'heure, enfans, et nous nous partagerons alors le poison, afin d'emporter avec nous la liberté dans l'esclavage !

STELLA, à part.

Oui, c'est la liberté... et c'est plus encore, peut-être !

PACHECO.

Car il ne faut pas que nous fassions attendre Silvio Tellez...   (Ils remontent la scène.)

STELLA, sur le devant de la scène.

Oh ! mon père... et mon frère... j'y serai avant vous... et cette fois, je n'oublierai pas le poison.

Deuxième Tableau

Sur le premier plan, une vaste tente ouverte. — A gauche l'entrée de la tente du chef de l'armée. — Au fond, à droite, la porte de Tolède, à travers laquelle on voit une rue de la ville. — Au second plan, des remparts démolis en divers endroits, et laissant voir la ville de Murcie. — Au lever du rideau, un chef maure et un chef des Écorcheurs viennent des deux côtés du théâtre, se communiquent des ordres et sortent, l'un par la porte de la ville, et l'autre va à la tente du chef de l'armée. — Des sentinelles se promènent sur les remparts et devant la tente de Silvio.

SCÈNE I.

BÉNÉDICT, seul.

En vérité, après ce qui s'est passé ce matin ici, il ne faut plus croire à rien, si ce n'est à cette fière chanson d'Arnauld Vidal que j'ai apprise dans mes courses en Languedoc ; peut-être que si elle arrive jusqu'à son oreille, mon maître me saura-t-il gré de la lui avoir chantée.   (Il chante.)

ROMANCE.

PREMIER COUPLET.

Aux riches jardins des sultans
Que le Guadalquivir arrose,
Plus belle que la belle rose
Et que les beaux lis éclatans,

Il est une fleur adorée,
De son odeur douce et sacrée
Embaumant la nuit et le jour,
C'est la fleur d'amour.

DEUXIÈME COUPLET.

Dans la plaine au sol dévorant,
Où se meurt le palmier superbe,
Qui ne peut nourrir un brin d'herbe,
Où tout ce qui vit est mourant,
Il est dans ce désert aride
Une fleur brillante et splendide,
Parfumant la nuit et le jour,
C'est la fleur d'amour.

SCÈNE II.

BÉNÉDICT, LÉLIO.

LÉLIO, à un soldat qui veut l'empêcher de passer.
Reconnais-tu ce signe ?
(Il lui montre le cachet suspendu à la lettre qu'il porte.)

LE SOLDAT.
Passez !

LÉLIO, montrant la lettre.
Au marquis de Guescar.

BÉNÉDICT.
Il n'y a plus de marquis de Guescar ici ; il n'y a plus que Ben-Abdali.

LÉLIO.
De quelque nom que s'appelle maintenant ton maître, voici une lettre pour lui, et il faut qu'elle lui soit remise à l'instant.

BÉNÉDICT.
A l'instant, c'est trop tôt... et mon maître est, à ce que je crois, occupé d'affaires dont il serait maladroit de le déranger.

LÉLIO.
Tu lui diras que c'est de la part du marquis de Villaflor.

BÉNÉDICT.
Ah ! pardieu, ce serait encore plus maladroit, je te le jure.

LÉLIO.
Que veux-tu dire ?

BÉNÉDICT.
Que les maris de l'Espagne sont absolument faits comme ceux de mon pays.

LÉLIO.
Insolent valet !

BÉNÉDICT.
Tais-toi donc, voici mon maître.

(Silvio sort rapidement de sa tente, précédé d'esclaves et suivi de guerriers arabes.)

SCÈNE III.

BÉNÉDICT, SILVIO, LÉLIO.

SILVIO, aux guerriers.
Voici l'heure où Pacheco et les siens vont se rendre dans mon camp... Allez annoncer ma victoire à Abd-el-Rhaman, et ce que j'ai décidé de mes prisonniers... Allez!...
(Il donne un papier à l'un d'eux ; ils s'éloignent.)

LÉLIO, très haut.
Allons, jongleur, annonce-moi à ton maître !

BÉNÉDICT, de même.
Va-t-en !

LÉLIO, de même.
Je te dis que je veux parler à ton maître.

SILVIO, se retournant.
Qui ose ainsi élever la voix dans ma tente.

BÉNÉDICT, montrant Lélio.
Voici le coupable.

LÉLIO, avec fierté.
Vous m'excuserez, seigneur ; mais partout où je représente mon maître, j'ai l'habitude de parler haut.

SILVIO.
Tu ne porterais pas les armes de Villaflor sur ta poitrine, que je t'aurais deviné pour son page à cette impertinente bravade ; il est riche en paroles menaçantes, et je vois que le valet a profité à l'école du maître.

LÉLIO.
Il m'a appris à tout braver pour son service, seigneur, et la preuve de ceci, c'est que je suis venu dans votre camp pour vous y apporter cette lettre, sans m'occuper de ce qui pouvait m'y attendre.

SILVIO.
Une lettre de Villaflor... donne... (Il prend la lettre.— Lélio salue.) Demeure, jeune homme... je ne te ferai pas attendre long-temps la réponse... (Il lit.) « Il te reste une chance d'échapper à la honte
» que tu as eu l'insolence de proposer au noble
» comte de Tavora et à ses enfans, et cette chance,
» je viens te l'offrir. Dans deux heures, je serai seul
» et armé sur le pont de la Segura ! Si tu es vaincu,
» la mort l'aura délivré du malheur qui l'attend ;
» si tu es vainqueur, tu auras la liberté de fuir...
» Je te donne une demi-heure pour faire une ré-
» ponse... ce temps passé, j'irai la chercher moi-
» même...   Marquis de VILLAFLOR. »

LÉLIO.
Et le temps passe vite, seigneur.

SILVIO.
Et tu feras bien d'en profiter pour aller lui dire de ne pas faire cette dernière folie.

LÉLIO.
S'il a écrit qu'il viendra, seigneur, il viendra vous demander ce combat.

SILVIO.
Et je refuserai à Villaflor vaincu, ce que Villaflor a refusé il y a un mois à Silvio captif.

LÉLIO.

Est-ce là votre réponse?

SILVIO.

Ma réponse... Je n'en ai pas à faire... Et puisque le fier messager du fier marquis de Villaflor n'aura point à lui rapporter mes paroles, je veux qu'il puisse au moins lui raconter ce qu'il a vu... (On entend une marche funèbre.) Regarde, enfant!

LÉLIO, montant la scène jusqu'à la porte de la ville.

Juste ciel!

SILVIO.

Et juge si, lorsque j'ai su réduire à cet état des ennemis qu'il y avait quelque bonneur à combattre, car ils n'ont pas déserté leur défense, je descendrais jusqu'à me mesurer avec celui que j'ai vainement cherché sur les murs de cette ville.

(On voit sortir de la porte une file d'hommes et de femmes qui marchent lentement; au milieu d'eux s'avancent Pacheco et Faustus, la corde au cou et une chaîne au pied; don Luiz et Christoval les suivent.)

LÉLIO, toujours à la porte.

Stella n'est point avec eux... Aurait-elle demandé à la mort un asile contre cette honte? Ah! courons près de mon maître.

(Il sort par la gauche.)

SILVIO.

Ils ont tenu leur parole, c'est à moi maintenant de tenir celle que j'ai donnée à Stella.

○○○○○○○○○○○○○○○○○○○○○○○○○○○○○○○○○○○○○○

SCÈNE IV.

BÉNÉDICT, SILVIO, PACHECO, FAUSTUS, DON LUIZ.

PACHECO, à Silvio.

Nous voici, Ben-Abdali.

SILVIO.

Ne sais-tu pas mon véritable nom, Pacheco?

PACHECO.

Les chefs de Murcie n'ont-ils pas traité avec le lieutenant d'Abd-el-Rhaman, et le sultan des ennemis de la croix n'appelle-t-il pas son lieutenant du nom de Ben-Abdali?

SILVIO.

Tu as raison, comte de Tavora, tu as raison de me donner ce nom, car il est peut-être permis à Ben-Abdali de faire ce que n'eût jamais fait Silvio Tellez.

PACHECO.

Que Ben-Abdali nous pardonne donc s'il n'a point le compte des esclaves qu'il a demandés.

LUIZ.

A moins qu'à la place de l'esclave qui manque, tu ne veuilles en accepter un autre.

CHRISTOVAL.

Deux s'il le faut, Silvio Tellez.

SILVIO.

C'est trop de vanité, mes maîtres, que de croire que Silvio Tellez, si c'est ainsi qu'il vous plait de l'appeler, vous accepte à la place de celle dont il a poursuivi l'amour jusque sur les ruines de votre ville; c'est encore plus de vanité si vous parlez à Ben-Abdali, qui doit connaître maintenant quel est le prix d'une esclave dont la beauté sera la perle de son harem.

FAUSTUS.

Eh bien! Silvio Tellez ou Ben-Abdali, que décides-tu?

SILVIO.

Je vais vous le dire, à vous, dont les insolences ont amené mon premier exil de Murcie, à vous dont l'orgueil a préféré l'alliance d'un débauché à celle d'un brave soldat, à vous qui n'avez su trouver que dans l'assassinat la vengeance que les Tellez n'ont jamais demandée qu'à la victoire... je vais vous le dire. Le maître qui vous a voulu pour esclaves, et qui vous tient comme esclaves, use de de son pouvoir, et vous donne la liberté.

PACHECO, avec désespoir.

Ah! je n'avais pas prévu ce dernier affront.

FAUSTUS, avec menaces.

Oh! tu ne veux donc pas que la guerre soit finie...

SILVIO.

Si la guerre vous plait encore, vous viendrez me l'apporter à Grenade, car j'emporte de Murcie ce que j'étais venu y chercher.

○○○○○○○○○○○○○○○○○○○○○○○○○○○○○○○○○○○○○○

SCÈNE V.

BÉNÉDICT, SILVIO, FERNAND, PACHECO, FAUSTUS, CHRISTOVAL, DON LUIZ.

FERNAND, accourant, et jetant un anneau et une corde aux pieds de Silvio.

Tu emporteras donc cette corde et cet anneau d'esclave!

SILVIO, reculant.

Villaflor!

TOUS, avec étonnement.

Le marquis!

SILVIO, de même.

Quoi!... tu as osé venir... toi!

FERNAND, avec calme.

Ne te l'avais-je pas écrit?

SILVIO, menaçant.

Prends garde, la démence n'obtient pas toujours la pitié.

FERNAND, toujours calme.

Pas de ces doctes phrases, Silvio, tu m'as appris le cas qu'on en doit faire.

SILVIO, mettant la main sur son poignard.

J'ai juré d'être le maître de ma colère... Holà ! qu'on emmène tous ces hommes !

FERNAND, aux soldats maures, en leur montrant un ordre avec les armes d'Abd-el-Rhaman.

Commencez, je vous prie, par désarmer celui-ci (Montrant Silvio.) et détachez ces honteuses entraves (Montrant la corde que portent Pacheco et Faustus).

(Des Maures s'avancent et entourent Silvio; d'autres détachent les cordes qui entourent le cou de Pacheco et de Faustus.)

PACHECO.

Comment se fait-il, Villaflor ?

FERNAND.

Je vous le dirai !

SILVIO, reculant.

Qu'est-ce à dire ? Arrière, soldats ! ne suis-je plus votre chef?

FERNAND.

Calme-toi, Tellez, et obéis.

(Il lui donne l'ordre d'Abd-el-Rhaman.)

SILVIO, laissant tomber son épée.

Ah ! malheur !... Ah ! c'était donc là la trahison que tu préparais?

FERNAND.

La trahison !... Oh ! je vous laisse cela, marquis de Guescar.

PACHECO.

Pour ton honneur, explique-toi, marquis de Villaflor... explique-toi pour le mien, car si tu as payé ce pouvoir du même prix que cet homme, je reste l'esclave de Tellez.

FERNAND.

Ta liberté, et la vôtre, et celle de Murcie, ont été payées d'une rançon plus magnifique que les villes et les châteaux que Tellez a livrés aux Maures.

SILVIO.

Hâte-toi, et quel que soit le triomphe dont tu parais si fier, nous verrons à qui de nous deux restera la victoire.

FERNAND.

Tenez, messeigneurs, il n'y a que le malheur qui enseigne aux hommes tout ce dont ils sont capables..., il n'y a que la perte de tout espoir qui leur donne l'audace de tout entreprendre. Si votre ville avait été pleine de soldats résolus à se défendre, et que nous eussions eu contre ces multitudes qui nous attaquaient la chance vulgaire des combats... je ne vous aurais pas quitté, et nous eussions prolongé long-temps une lutte où la victoire fût restée peut-être incertaine... Mais du jour que je suis entré dans Murcie, j'ai mesuré le danger et j'ai prévu la défaite. Je t'aurais bien pu chercher au milieu de ton armée, Silvio Tellez, mais ta mort eût fait place à un autre lieutenant d'Abd-el-Rhaman, voilà tout, et j'étais résolu à frapper cette guerre au cœur. Je n'ai pu trouver que dix hommes pour cette folle entreprise, mais dix hommes résolus, patiens, rapides, cœurs et bras d'acier, que rien ne trouble, ni le danger, ni la mort, ni le succès... Nous partîmes il y a deux jours ; nous courûmes de la première haleine de nos chevaux jusqu'aux abords du camp d'Abd-el-Rhaman ; je leur donnai la première nuit pour le repos, tandis que, sous les habits d'un Maure, j'examinais l'ordre admirable de ces mille tentes dressées en face de Carthagène, une ville de toile contre une ville de pierre... Le lendemain, c'était hier, tous les préparatifs étaient faits, nos armes pesantes abandonnées, nos chevaux tués pour que leurs hennissemens n'éveillassent nul bruit. La nuit venue, nous partîmes tous les dix ; deux sentinelles égorgées nous livrèrent la première entrée du camp... deux de mes hommes les remplacèrent, le reste me suivit... Nous avancions deux seulement à la fois, marchant d'un pas plus léger que celui d'une mère qui vient près du lit de son enfant malade, avançant lentement, et trouvant çà et là des groupes d'infidèles endormis. Quand la mort avait assuré leur silence, le reste venait... A la seconde enceinte, où sont rangés les innombrables chevaux de cette armée innombrable, plus tranquilles déjà, nous choisîmes et nous détachâmes ceux qui devaient nous emporter dans notre fuite, car nous ne venions point pour un combat. Là, je laissai six de mes compagnons pour garder nos chevaux, et, l'autre et moi, nous pénétrâmes dans la dernière enceinte, où Abd-el-Rhaman veille, dit-on, sans cesse entouré de gardes qui veillent toujours. Il en est, messires, de ces merveilleuses précautions comme de certains courages : le premier qui ose les aborder les voit fuir devant lui... Nous arrivons ; tout dormait... Alors, de détour en détour, de tente en tente, rampant comme des serpens, nous arrêtant au moindre bruit, nous arrivâmes jusqu'au royal pavillon où flotte l'étendart de Mahomet. Abd-el-Rhaman ne dormait pas ; de derrière la toile qui nous séparait de lui, nous l'entendions marcher en murmurant de sourdes paroles... Nous attendions, immobiles, la face sur la terre pour étouffer le bruit de notre haleine... Tout à coup la voix d'un uléma, perçant dans le silence de cette nuit de mort, annonça l'heure de la prière. Abd-el-Rhaman s'arrêta... Le silence reprit ; je glissai ma tête sous la tente... Il était à genoux, prosterné sur le sol, invoquant son faux prophète, plongé dans la méditation et le recueillement... Nous entrons alors : il entend ; il se retourne... mais, avant que ses genoux n'eussent quitté la terre, un masque d'étoupes étouffait ses cris, une corde liait ses bras et ses pieds... Un instant après, je sortais de cette tente avec ce royal fardeau sur mon épaule... Cinq minutes après, je le jetais devant moi sur un de ces rapides chevaux qui font la richesse de l'Arabie, et nous éveillons le camp tout entier au bruit de notre course effrénée, laissant cette armée sans chef et tout ce peuple sans roi !

PACHECO, avec stupéfaction.

Tu as fait cela, Villaflor !... Ah ! c'est bien, mon fils !

SILVIO.

Ce n'est pas possible !

FERNAND.

Vous en faut-il une autre preuve que l'obéissance qui m'entoure ici... Et ne comprenez-vous pas que, pour sa liberté, Abd-el-Rhaman m'ait accordé la retraite de son armée, la restitution de nos villes, la liberté de Murcie et l'esclavage de cet homme ?

SILVIO.

Et tu t'es hâté, Villaflor, de profiter de ton avantage...

FERNAND.

Ne t'ai-je pas donné deux heures pour un loyal combat ? Maintenant, il est trop tard ; du moment où tu as laissé Pacheco dépasser le seuil de ce rempart, tu as été condamné par toi-même à la honte que tu as voulu lui infliger... Je dois compte de ta tête au roi, à tous les nobles outragés, à toute l'Espagne trahie.

SILVIO.

On dirait, à t'entendre, que je te demande ce combat... Ma victoire est trop bien écrite sur ces murs démantelés, pour que j'aie besoin d'un nouveau triomphe... Ce que j'ai voulu, dans cette lutte, c'est la vengeance, Villaflor... et la vengeance, elle appartient à Silvio Tellez vaincu, captif, esclave, encore mieux qu'à Silvio vainqueur.

PACHECO.

Tu railles, Silvio Tellez... Notre exemple aurait dû t'apprendre qu'il est une heure où le courage est de se soumettre.

SILVIO.

Je raille, dites-vous... Et quelle a donc été la cause première de tant de haines, de tant de douleurs, de tant de combats ? ta fille, que tu as jetée à Villaflor pour me l'arracher, ta fille, que tu as vouée à la mort pour me l'arracher, car je sais à quel prix vous aviez accepté l'esclavage, ta fille que tu frapperais de ta main plutôt que de la voir à moi... Ah ! vous le savez tous, ce n'est pas Murcie dont je cherchais la conquête, ce n'était pas ta cité que vous défendiez contre moi, c'était Stella... Eh bien ! vous, les victorieux à présent, toi son père, toi son frère, toi son mari, dites-moi donc où est celle que nous nous sommes disputés sur les ruines de la patrie ? Où est ta fille, Pacheco, ta sœur, Faustus, ta femme, marquis ? Est-elle au pouvoir des vainqueurs, cette conquête qui vous a coûté tant de sang ?... Elle est dans la tente du captif... de l'esclave... elle est à moi... et voici ma vengeance...

(Il ouvre le rideau de côté, et on voit Stella debout.)

TOUS.

Stella ! Stella !

○○○

SCÈNE VI.

LES MÊMES, STELLA.

STELLA, s'avançant, soutenue par ses femmes.

Moi !...

PACHECO, à Stella.

Ah ! malédiction sur toi, infâme !

FAUSTUS, de même.

Oh ! misérable !... misérable !

FERNAND, de même.

Madame, est-ce donc la récompense de ma générosité envers lui ?

SILVIO, à tous.

Et maintenant, apportez vos chaînes et marquez votre esclave d'un fer chaud, je vous ai blessés, au cœur, d'une atteinte qui saignera long-temps et, au visage, d'un affront qui ne s'effacera jamais.

STELLA, chancelant.

Courage, messeigneurs, courage !... frappez tous ensemble sur le cœur de la pauvre femme que vous avez torturée chacun à sa guise !... jetez la malédiction sur sa tête, crachez-lui la honte au visage... elle est enfin arrivée au port où l'on peut braver d'un front calme les outrages, les insultes, le malheur... l'esclavage...

PACHECO.

Oh ! je t'avais enseigné, moi, comment on y échappe !

STELLA.

Et je n'ai pas oublié vos leçons.

ACTE V, TABLEAU II, SCENE VI.

PACHECO.

Toi! qui t'es enfuie en nous laissant le poison qui devait nous délivrer tous les trois ensemble.

STELLA.

N'avais-je pas le mien?

PACHECO.

Le tien!

SILVIO, à part.

Le sien!

STELLA.

Il s'en est trouvé assez pour moi... et pour toi, Silvio Tellez!

SILVIO, mettant la main sur sa poitrine.

Pour moi!

TOUS.

Pour lui!

PACHECO.

Malheureuse!... ma fille!...

SILVIO, sentant déjà la douleur du poison.

Quoi! là, lorsque tout à l'heure tu me disais: « Maintenant nous ne nous séparerons plus, » c'était donc la mort?...

STELLA.

Ne la sens-tu pas venir?

SILVIO, la main sur sa poitrine.

Oh! oui, là tout à l'heure!... c'est vrai!

STELLA.

Je l'avais apportée au vainqueur qui outrageait la vieillesse de mon père, Dieu a voulu que je l'aie donnée au vaincu promis à la même honte.

SILVIO, chancelant à son tour.

Toi! toi!... Stella, tu as fait cela?

STELLA.

Oui, Silvio, et tu dois me pardonner maintenant, car ce qui était le châtiment est devenu la délivrance.

SILVIO.

Oh! merci de ton dernier bienfait, Siella... tu ne leur appartiendras pas, et je t'emporterai avec moi dans ma tombe.

PACHECO, s'avançant entre Tellez et sa fille.

Arrière, Tellez!... Ma fille!...

STELLA, écartant Pacheco.

Mon père, j'étais venue ici mourir pour vous, laissez-moi mourir avec lui!

(Elle s'affaisse dans les bras de ses femmes.)

SILVIO, tombant à genoux.

Stella!...

STELLA, mourante.

Au ciel, maintenant, au ciel mon amour!

SILVIO, de même.

Au ciel... au ciel!... (Ils tombent.)

PACHECO, les yeux sur sa fille, avec désespoir.

Ma fille, sainte victime, noble martyre, pardonne-moi! et nous, prions pour elle.

FERNAND.

Priez pour tous deux, et que toute haine s'arrête ici et descende avec eux dans la tombe qu'elle leur a creusée.

(Tous se mettent à genoux, et le rideau tombe.)

FIN DES AMANS DE MURCIE.

Paris.—Imprimerie de BOULÉ et Cⁱᵉ, rue Coq-Héron, 3.

Madame Lavalette, dr., 2 actes, 50
Mademoiselle Bernard, vaud. 1 acte.
Mademoiselle Clairon, vaud., 2 actes. 30
Mademoiselle d'Aloigny, vaud., 1 a. 60
Mademoiselle de Mérange, op.-com., 1 a. 30
Mademoiselle Desgarcins, vaud., 1 a. 60
Mademoiselle Nichon, vaud., 1 acte. 60
Mademoiselle Rose, com., 3 a. 30
Magasin de la graine de lin (le), vaud., 3 a. 60
Main de Fer (la), opér.-com., 3 a. 60
Maison en loterie (la), vaud., 1 a. 30
Maîtresse de poste (la), vaud., 1 a. 30
Malheurs d'un Amant heureux (les), v., 2 a. 60
Malheurs d'un joli garçon (les), vaud., 1 a. 30
Mal Noté dans le quartier, vaud., 1 a. 30
Malvina, vaud., 2 a. 60
Manon ou Un Episode de la Fronde. 60
Mansarde des Artistes (la), vaud., 1 a. 30
Mansarde du Crime (la) vaud. 1 a. 30
Mantille (la), op.-c., 1 a. 30
Marguerite, op.-c., 3 a. 60
Mariage d'argent (le), com., 4 a. 60
Mariage de raison, v., 2 actes. 60
Mariage extravagant, vaud., 2 a. 30
Mariage impossible (le), vaud., 2 a. 30
Mari de sa cuisinière (le), vaud., 2 a. 30
Marie de ma Femme (le) com., 3 a. 60
Marie, op.-c., 3 a. 60
Mari et l'Amant (le), com., 3 a. 60
Marie Mignot, v. 3 a. 60
Marie ou le Dévouement, dr., 5 a. 30
Marie Stuart, trag. 5 a. 60
Marie de Rohan, opéra 5 actes. 1 fr.
Marino Falliero, trag., 5 actes. 60
Maris sans femmes (les) vaud., 1 a. 30
Maris vengés (les), v., 5 actes. 60
Marion à Mintournes, trag., 5 a. 60
Marquis de Brunoy (le) drame 5 actes. 60
Marquis de Carabas (le), vaud., 2 actes. 30
Marquise de Carabas (la), vaud., 1 acte. 60
Marquise de Rantzau (la), vaudev., 2 act. 60
Marraine (la), v., 1 act. 60
Masaniello, op.-com., 4 actes. 60
Mathilde, drame, 5 a. 60
Médisant (le), coméd., 4 actes. 60
Mémoires d'un colonel de hussards, vaud., 1 acte. 30
Ménestrel (le), coméd. 5 actes. 60
Mère (la Fille la) coméd., 5 actes. 60
Méro au bal et la Fille à la maison (la), v., 2 actes. 60

Michel et Christine, v., 1 acte. 30
Michel Perrin, vaud., 2 actes. 60
Mil sept cent soixante, com., 1 acte. 30
Miba, opéra-com., 3 a. 75
Misanthropie et repentir, comédie, 5 actes. 60
Moiroud et compagnie, vaudev., 1 acte. 30
Mon coquin de neveu, vaudev., 1 acte. 30
Monsieur Chapolard, v., 1 acte. 60
Monsieur sansgêne, v., 1 acte. 30
Moyens dangereux (les) coméd., 5 actes. 60
Muette de Portici (la), gr. opéra, 5 actes. 60
Mystères de Paris (les), drame, 5 actes. 1 fr.
Nanon, Ninon et Maintenon, v., 3 actes. 60
Napoléon, dr., 9 tabl. 60
Naufrage de la Méduse (le), op.-com., 1 a. 30
Naufrageurs (les), dr., 3 actes. 60
Neige (la), op.-com., 4 actes. 60
Nicolas Nickleby, dr. 5 actes. 60
Ninon chez Madame de Sévigné, op.-c., 1 a. 30
Nouveau Pourceaugnac (le), vaud., 1 acte. 30
Nuit du meurtre (la), dr., 5 actes. 60
Obstacle imprévu (l') c., 3 actes. 60
Ogresse (l'), v., 2 a. 60
Oiseaux de Boccace, v., 1 acte. 30
Oncle Baptiste, vaud. 2 actes. 60
Oscar, coméd., 3 actes. 60
Ours et le Pacha (l'), v., 1 acte. 30
Ouverture de la chasse (l'), vaud., 1 acte. 30
Ouvriers (les), v., 1 a. 30
Pacte de famine (le), dr., 5 actes. 60
Panier fleuri (le), op.-com., 1 acte. 30
Paquerette, v., 1 a. 30
Paria (le), trag. 5 actes. 60
Pasteur éternel et le Turc (le). 60
Part du diable (la), op.-com. 5 actes. 60
Passé midi, v., 1 acte. 30
Passé minuit, v., 1 acte. 30
Passion secrète (la), c., 1 acte. 60
Pauvre idiot (le), dr., drame, 5 actes. 60
Paysan perverti (le) v., 3 actes. 30
Peau-d'âne, féerie v., 9 tabl. 60
Pénitens blanches (les), vaud., 2 actes. 60
Père de famille (le), dr., 5 actes. 60
Père de la débutante (le), vaud., 5 actes. 60
Père Pascal (le), vaud., 2 actes. 30
Perinet Leclerc, dr., 5 actes. 60
Permission de dix heures, v., 1 acte. 30
Perruquier de la régence, op.-com., 3 actes. 60
Petit Chaperon rouge, v. op.-com., 3 actes. 60
Petites Danaïdes (les), parodie. 30
Philippe, vaud., 1 acte. 30

Philantropes (les), c., 5 actes. 60
Philosophe sans le savoir (le), c., 5 a. 60
Philtre (le), grand op., 2 actes. 60
Philtre champenois (le), vaud., 1 acte. 30
Phœbus ou l'Écrivain public, vaud., 2 a. 60
Picaros et Diégo, op.-com., 1 acte. 30
Pied de mouton (le), vaud., 5 actes. 60
Pierre le Noir ou les Chauffeurs, dr., 5 a. 60
Pie voleuse, dr., 3 a. 60
Pioupiou (le), v., 3 a. 60
Planteur (le), op.-com., 2 actes. 60
Plus beau jour de la vie (le), v., 2 actes. 60
Polder ou le Bourreau, dr. 3 actes. 60
Poletais (les), v., 2 a. 30
Poltron (le), v., 1 acte. 60
Pontons (les), dr., 5 a. 60
Populaire (le), v., 2 a. 60
Portrait vivant, v., 5 a. 60
Postillon de Fran.-Comtois (le), v., 2 actes. 60
Poupée (la), vaud., 1 a. 30
Pourquoi?, v., 1 a. 30
Pré-aux-Clercs, op.-c., 3 actes. 60
Précepteur à vingt ans (le), v., 3 a. 30
Première affaire (la), com., 3 actes. 60
Premières amours (les), vaud., 1 acte. 30
Prétendante (la), c., 1 acte. 60
Prétendans (les), com., 3 a. 60
Préville et Taconnet, v., 1 a. 30
Princesse Aurélie (la), com., 3 a. 60
Prison d'Édimbourg (la), op.-c., 3 actes. 60
Projet de mariage (le), coméd., v., 2 a. 30
Prosper et Vincent, v., 1 acte. 60
Protégé (le), v., 1 a. 30
Puits d'amour, op.-c., 3 a. 1 fr.
Pupilles de la garde (les), v., 2 a. 30
Quaker et la danseuse v., 1 a. 30
Quatre-vingt-dix-neuf moutons, vaud., 1 a. 30
Quinze avant midi (le), vaud., 1 a. 60
Rabelais ou le Curé de Meudon, v., 3 a. 60
Randal, drame, 5 a. 60
Régine ou les Deux nuits, op.-com., 2 a. 60
Reine de seize ans (la), op.-c., 1 acte. 30
Reine d'un jour (la), op.-com., 3 a. 60
Richard d'Arlington dr., 5 actes. 60
Richard Savage, drame, v., 1 a. 60
Rigoletti, vaud., 1 a. 30
Rivaux d'eux-mêmes (les), com., 1 a. 30
Robert, chef de brigands, dr., 5 a. 60
Robin des bois, op.-c., 3 a. 60
Roman (le), c., 5 a. 60
Roman d'une heure (le), com., en 1 a. 30
Rose jeune (la), v., 1 a. 30

Rose de Péronne (la), op.-com., 5 a. 60
Rossignol (le), v., 1 a. 30
Rue de la Lune (la), v., 1 a. 30
Ruy-Brac, parodie de Ruy-Blas. 30
Samuel le marchand, dr., 5 a. 60
Sans tambour ni trompette, vaud., 1 a. 30
Seconde année (la), v., 1 a. 30
Secret du ménage (le), c., 3 a. 60
Secret du soldat (le), dr.-vaud., 3 a. 60
Secrétaire (le), et le Cuisinier, v., 1 a. 30
Sept heures, dr., 3 a. 60
Serment de collège (le), vaud., 1 a. 30
Sermens (les), coméd., 1 a. 30
Shérif (le), op.-com., 3 a. 60
Sirène (la), op.-com., 3 a. 60
Six degrés du crime, dr., 3 a. 60
Soldat de la Loire (le), dr., 1 a. 30
Soldat laboureur (le), vaud., 1 a. 30
Sophie Arnould, vaud., 3 a. 60
Sujet et duchesse, dr., 5 a. 60
Susceptible (le), com., 3 a. 60
Suzette, vaud., 2 a. 30
Symphonie (la), op.-c., 1 a. 30
Tasse (le) dr., 5 actes. 60
Thérèse ou l'Orpheline de Genève, dr., 3 a. 60
Thérèse, opéra-com., 2 a. 30
Tôt ou tard, com., 3 a. 60
Toujours ou l'Avenir d'un fils, v., 2 a. 60
Tour de Nesle (la), dr., 5 a. 30
Trafalgar, vaud., 1 a. 30
Treize (les), opéra-c., 3 a. 60
Trente ans ou la Vie d'un joueur, dr., 3 a. 60
Tribut des cent vierges (le), dr., 5 a. 60
Trois gobe-mouches (les), v., 1 a. 30
Trois quartiers (les), c., 3 a. 60
Tutrice (la), c., 5 a. 60
Un ange au sixième étage, vaud., 1 a. 30
Un bal de grisettes, v., 1 a. 30
Un Duel sous Richelieu dr., 3 a. 60
Un fils mélodr., 3 a. 60
Un mari charmant, v., 1 a. 30
Un mari du bon temps, v., 1 a. 30
Un mari s'il vous plaît, dr., 2 a. 60
Un ménage parisien, v., 1 a. 30
Un moment d'imprudence, c., 3 a. 60
Un monsieur et une dame, vaud., 1 a. 30
Un page du régent, v., 1 a. 30
Un péché de jeunesse, c., 1 a. 30
Un premier amour, v., 1 a. 30
Un scandale, v., 1 a. 30
Un veuvage, c., 3 a. 60

Un testament de dragon, v., 1 a. 30
Une chaîne, c., 5 a. 60
Une famille au temps de Luther, trag., 1 a. 60
Une faute, vaudev. 2 a. 30
Une heure de mariage, op.-c. 1 a. 30
Une invasion de grisettes, v., 2 a. 60
Une jeunesse orageuse, v., 2 a. 60
Une journée à Versailles, c., 3 a. 60
Une nuit au sérail, v., 1 a. 30
Une position délicate, v., 1 a. 30
Une présentation, c., 1 a. 60
Une Saint-Hubert, c., 1 a. 30
Une vision ou le Sculpteur, v., 1 a. 30
Une visite nocturne, v., 1 a. 30
Vagabond (le), drame, 5 a. 30
Valentine, v., 2 a. 60
Valérie, c., 5 a. 60
Veau d'or (le), v., 2 a. 60
Vêpres (les) siciliennes trag., 5 a. 60
Verre d'eau, coméd., 5 a. 60
Vert-vert, v., 3 a. 60
Victorine, dr., 5 a. 60
Vie de château (la), v., 2 a. 60
Vie de garçon (la), v., 2 a. 60
Vie d'un comédien, c., 4 a. 60
Vieille (la), op.-com., 1 a. 30
Vieux péchés (les), v., 1 a. 30
Vingt-six ans, v., 2 a. 60
Voyage à Dieppe (le), com., 2 a. 60
Voyage à Pontoise, c., 3 a. 60
Voyage de Robert Macaire, v., 1 a. 30
Werther ou les égaremens, v., 2 a. 30
Yelva ou l'Orpheline russe, v., 2 a. 60
Zampa ou la Fiancée de marbre, opéra-c., 3 a. 60
Zoé ou l'Amant prêté, v., 1 a. 30
République, l'Empire et les Cent jours (le). 30
Bohémienne de Paris (la), dr., 5 a. 60
Mystères de Paris (les). 60
Mystères de Passy (les), parodie en 11 tabl. 60
Lucie, dr. 5 a. 60
Amans de Murcie (les), dr. 5 a. 90

On trouve à la librairie de C. TRESSE, Palais-Royal :

LA FRANCE DRAMATIQUE AU XIX⁰ SIÈCLE.

CABINET SECRET DU MUSÉE ROYAL DE NAPLES.

1 beau vol. in-4°, grand-raisin vélin, orné de 60 planches coloriées, représentant les peintures, les bronzes et objets antiques qui existent dans ce cabinet. Au lieu de 100 fr. — Broché..

— La Même, figures noires. — Broché..
— Idem, figures coloriées sur Chine, demi-reliure en veau..........................
— Idem, figures noires sur chine, demi-reliure en veau...........................
— Idem, doubles figures noires et coloriées, cartonné à la Bradel..................
— Idem, avec les deux collections de grav. sur papier de Chine parfaitement coloriées, demi-reliure dos en veau.

L'art ancien et l'art au moyen-âge ne se piquaient pas d'une pudeur bien châtié ; les plus célèbres chefs-d'œuvre sont souvent accompagnés de détails obscènes qui en rendent impossible l'exposition aux yeux de tous. Le cabinet secret du roi de Naples est la seule galerie au monde où l'on se soit proposé de réunir tous les chefs-d'œuvre impudiques. Le livre qui les reproduit est l'indispensable complément de toutes les collections de musées, et doit trouver place dans un coin secret de la bibliothèque de l'artiste et de l'amateur.

TRAITÉ de la Législation des Théâtres, ou Exposé complet et méthodique des lois et de la jurisprudence relativement aux théâtres et spectacles publics ; par VIVIEN et Edmond BLANC, 1 volume in-8°, deuxième édition, 1830............

ACTEURS ET ACTRICES DE PARIS,

BIOGRAPHIE DES ARTISTES DRAMATIQUES, ET NOTICES HISTORIQUES SUR LES THÉÂTRES DE PARIS, LEUR RÉPERTOIRE, ADMINISTRATION.

Un joli volume in-16, 1843. — Prix 50 centimes.

THÉORIE DE L'ART DU COMÉDIEN,

Ou MANUEL THÉÂTRAL, par Aristippe. — 1 volume in-octavo. — Prix 4 fr.

LE CHASSEUR AU CHIEN D'ARRÊT,

Contenant les Habitudes, les Ruses du Gibier, l'Art de le chercher et de le tirer, le Choix des armes, l'Éducation des Chiens, leurs Maladies, etc.

PAR ELZÉAR BLAZE. — Troisième édition. — 1 volume in-8°. — Prix 7 fr. 50 cent.

L'auteur prend son élève au sortir du collége, il lui indique la manière de s'équiper, de choisir un chien, de le dresser, de le nourrir. Tout ce qui concerne la plaine, le procédé pour trouver à chaque gent l'occasion de donner une leçon ; les pièges du gibier qu'il nourrit, le vent qui souffle, le soleil qui luit servent tour à tour de texte. On suit en acteur d'une grande habitude les procédés cynégétiques pour provoquer le gibier ; on suit en tacticien les plus sûrs et les plus simples moyens d'en avoir raison. Il y a peu d'ouvrages aussi méthodiquement écrits sur la chasse ; aucun, autant que nous sachions, dont les préceptes aient paru avec une telle clarté.

(A l'usage des personnes qui aiment les chiens.)

HISTOIRE DU CHIEN

Chez tous les peuples du monde, d'après la Bible, les Pères de l'Église, etc. — Par ELZÉAR BLAZE.

1 vol. in-8°. — Prix 7 fr. 50 c.

LE CHASSEUR AU CHIEN COURANT,

Contenant les Habitudes, les Ruses des Bêtes, l'Art de les quêter, de les détourner, de les chasser, de les tirer, de les servir ; Éducation du Limier, des Chiens courants, leurs Maladies, etc.

Par Elzéar Blaze. — 2 vol. in-8°. — Prix 15 fr.

LE CUISINIER ROYAL,

PAR VIART (homme de bouche). — Dix-Neuvième Édition, augmentée de douze articles nouveaux, PAR MM. FOURET ET DELAN (hommes de bouche).

Contenant : L'Art de faire la cuisine, la pâtisserie et tout ce qui concerne l'Office, pour toutes les fortunes ; plus dans une notice complète de tous les Vins, par PETISENCOURT, sommelier en chef ; d'une dégustation des Vins bordelais de M. de SAINT-M. GRIGNON ; Ornés de cent planches pour le service des tables depuis douze jusqu'à soixante couverts, d'une table alphabétique de tous les mets, par ordre de service, etc., etc.

1 vol. in-8, de 610 pages. — 1844. — Prix 60 fr.

ALMANACH DE TOUT LE MONDE,

Contenant : l'Histoire de la Vie populaire de Molière. 1 joli vol. in-16. — 1844. — Prix 60 c.

PARIS. — Imprimerie de BOULÉ et Cⁱᵉ, rue Coq-Héron, 3.

www.ingramcontent.com/pod-product-compliance
Lightning Source LLC
LaVergne TN
LVHW022145080426
835511LV00008B/1270